Vorwort:

Der Name SÜLTZ ist seit den 1970'er Jahren in Lünen ein Begriff. Es begann zunächst mit einer Fernseh-Werkstatt, sowie mit einer KFO-Praxis. SÜLTZ' entwickelten die erste private Satelliten-Empfangsanlage in Deutschland, RTL berichtete darüber. SÜLTZ' waren bei der Vorstellung der ersten Compact Cassette und dem weltersten Recorder von PHILIPS 1963 dabei. Die Kieferorthopädische Praxis verteilte die ersten Cassetten mit Zeit-Aufnahmen „RICHTIG ZÄHNEPUTZEN MIT DER ZAHNFEE FRITZI!". So ging es weiter bis zur Gründung 2014 von SÜLTZ BÜCHER auf Sylt in Tinnum. SÜLTZ BÜCHER sind auf der ganzen Welt bei BoD, AMAZON, EBAY, BUECHER.DE, HUGENDUBEL und vielen weiteren Buchhandlungen erhältlich. Bei SÜLTZ BÜCHER nicht, es handelt sich um ein reines Autoren-Team. Hier folgt nun eine Vorstellung einiger Bücher ab 2014. Für 2020 sind weitere Technik-Bücher, Gedichte, Kochbücher und Kurzgeschichten geplant. Nicht zu vergessen die Kinderbücher und Gesundheitstagebücher.

MEIN DIGITALER NACHLASS
DIGITALES ERBE
Mit Erfolg Schritt für Schritt zur Absicherung!
Sültz Bücher
Brille vergessen?
Sültz' Bücher mit großer Schrift!
Sültz' Tipps & Ratschläge

Passwort-
Einlog-
Buch
Sültz Bücher
Digitaler
Nachlass

Dr. Sültz'
Gesundheitstagebücher
Mein
Pflegetagebuch
- für alle pflegebedürftigen Menschen
- auch für Menschen mit Demenz
- inkl. Erinnerungstherapie-Protokoll und Training
Zur Vorlage bei der Pflegebegutachtung durch den Medizinischen Dienst
- für 6 Wochen - täglich sind 6 Module, bzw. Veränderungen, auszufüllen
- nach dem neuen, aktuellen Zweiten Pflegestärkungsgesetz (PSG II)
- Pflegegrade, statt Pflegestufen
Sültz Bücher

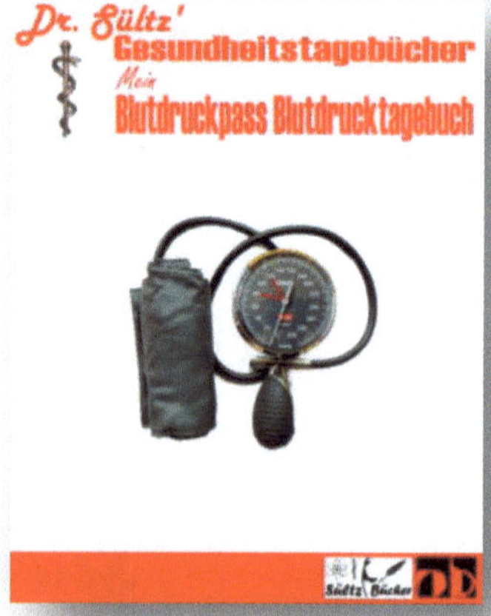

Dr. Sültz'
Gesundheitstagebücher
Mein
Blutdruckpass Blutdrucktagebuch
Sültz Bücher

SÜLTZ BÜCHER

Autorenteam Sültz auf Sylt und in NRW/Lünen

BoD - Books on Demand

Norderstedt 2019

Bibliografische Information durch die Deutsche Nationalbibliothek

Die Deutsche Nationalbibliothek verzeichnet diese Publikation in der Deutschen Nationalbibliografie; detaillierte bibliografische Daten sind im Internet über http://dnb.dnb.de abrufbar.

© 2019 Dr. Jutta Sültz & Renate Sültz & Uwe H. Sültz & KOLI 6 R.G. Wardenga

Herstellung und Verlag:

BoD – Books on Demand, Norderstedt

ISBN 9-78383-7-00223-2

SÜLTZ BÜCHER... bekannt mit den Gesundheits-Tagebüchern!

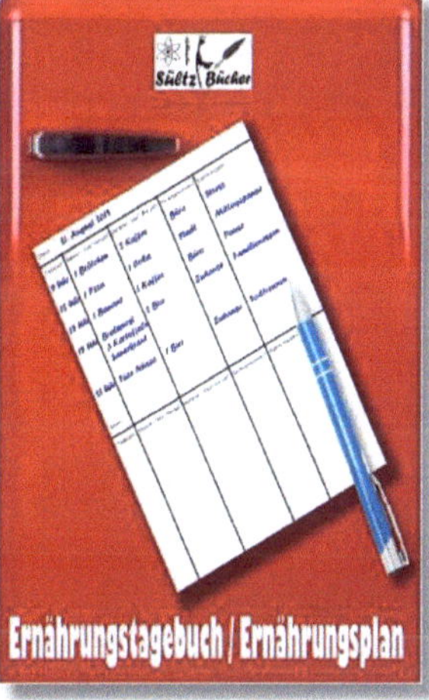

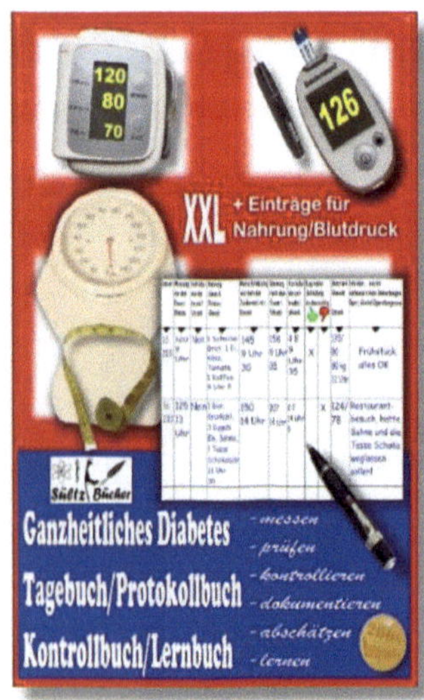
120 80 70
126
XXL + Einträge für Nahrung/Blutdruck
Sültz Bücher
Ganzheitliches Diabetes
Tagebuch/Protokollbuch
Kontrollbuch/Lernbuch
- messen
- prüfen
- kontrollieren
- dokumentieren
- abschätzen
- lernen

Mein Tag...
Mein
Reha- und Kur-
Tagebuch
Sültz Bücher

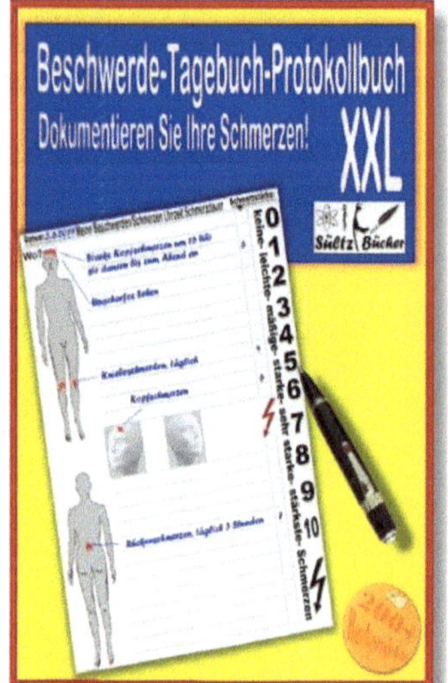
Beschwerde-Tagebuch-Protokollbuch
Dokumentieren Sie Ihre Schmerzen!
XXL
Sültz Bücher
0 1 2 3 4 5 6 7 8 9 10

DIABETES - TAGEBUCH XXL
BLUTZUCKERSPIEGEL - TAGEBUCH
Sültz Bücher
...für 6 Einträge pro Tag!
...für 156 Tage!
Aus der bereits bekannten Buchreihe:
Pflegetagebuch für 3 Monate

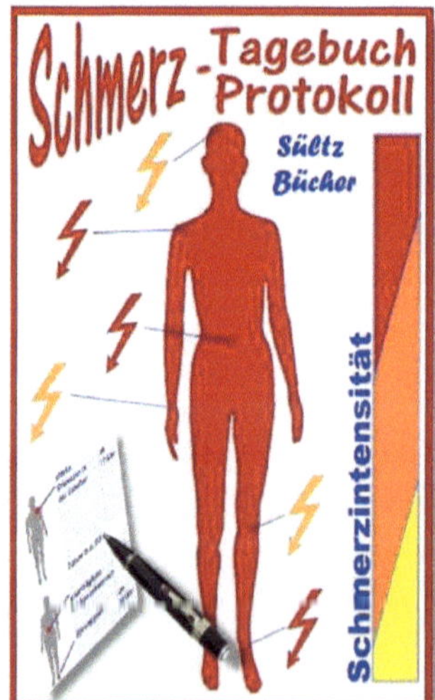
Schmerz - Tagebuch Protokoll
Sültz Bücher
Schmerzintensität

Pflegetagebuch
für 3 Monate
+ Notizbuch für besondere Vorkommnisse

Das Schweinchen Klecks
und andere Kindergeschichten

ISBN 978-3-95744-286-4

Unsere Kinderbücher:

Fitus, der Sylter
Strandkobold

ISBN 978-3-95744-758-6

Fitus, der Sylter
Strandkobold
Gute-Nacht-Geschichten

ISBN 978-3-73922-001-7

Fitus,
der Sylter Strandkobold

Gute-Nacht-Geschichten

Mein
Osterbuch
Geschichten zum Vorlesen
Und Bilder zum ausmalen
Renate und Uwe H. Sültz
Ab 5
Fitus
der Sylter Strandkobold
Mein Weihnachtsgeschichten
Sültz Bücher
Weihnachtsgeschichten mit Fitus und
seinen Freunden - mit vielen farbigen
Sylt-Bildern - zum Vorlesen oder
Selbstlesen - für Kinder ab 7

MEIN KLEINES WEIHNACHTSBUCH
FRIEDEN UND GESUNDHEIT AUF DER ERDE
UND IN ALLEN FAMILIEN
GESCHICHTEN FÜR KLEINE,
KURZGESCHICHTEN ZUM VORLESEN
UND NACHSEHEN FÜR
WEIHNACHTSGESCHENKE ODER
WÜNSCHE FÜR DAS NEUE JAHR
inkl. 4 Kinder-
geschichten ab 6
Gilbert,
der Kobold aus Paris
macht eine Weltreise
Ein kleines Bildbuch zum Vorlesen oder Selbstlesen für unterwegs
Renate Sültz & Uwe H. Sültz
ab 7

Das Tor zwischen Münsterland & Ruhrgebiet
Sültz
Lünen

Renate & Uwe H. Sültz
BAUERNHOF DER TIERE
WAS SIE ERLEBEN UND ERZÄHLEN
ZUM VORLESEN UND SELBSTLESEN
AB 6

Kalender 2063
100 Jahre
Compact Cassetten
1963 - 2063
PHILIPS
Uwe H. Sültz
Fotokalender für 2063 mit
50 Compact Cassetten-
Abbildungen ab 1963.

Wer seine Rezepte gern selbst notieren möchte, schreibt sie in das ebenfalls von Renate Sültz erhältliche Rezepte-Notizbuch.
Renate Sültz
Renate Sültz stellt ihre köstlichsten
6 Fischsalate und
3 Partysalate vor
Sylt & Salate
inkl. Sylt-Fotobuch

Rünthe Meine Heimat
Von der Burmannsburg über die D-Zug-Siedlung und Schacht 3... bis zu Marina Rünthe
Sültz
Werne
Rünthe
N
W   O
S
Bergkamen
233
Hamm

Sültz Bücher
Futter Tagebuch
für Haustiere
Mein Name ist
Hier ein Foto Deines Lieblings aufkleben

Sültz Bücher

Sültz Bücher
Uwe H. Sültz
design SÜLTZ

UWE H. SÜLZ
STAR MARSHAL
POLICE IN THE UNIVERSE

STAR MARSHAL
POLICE IN THE UNIVERSE
Notizbuch für Science Fiction Fans

UWE H. SÜLZ
STAR MARSHAL
POLICE IN THE UNIVERSE
GEFAHR AUS DEM UNIVERSUM

Erste Compact-Cassetten
und die unbekannte
Einloch-Kassette
Bildband
Von PHILIPS 1963 bis NAKAMICHI 1979
Uwe H. Sülz

Uwe H. Sülz
Die MusiCassetten
- erste fertig bespielte
Compact-Cassetten
Ein Bildband mit
einer Auswahl
an MusiCassetten
von PHILIPS und
weiteren
Herstellern
FATS DOMINO

SYLT
ohne Worte
A 10
A 11

SONDERDEZERNAT
HÖRNUM 1
macht Ernst auf Sylt
Spannende Kriminalfälle von List bis Hörnum
1
Autorenteam Sültz auf Sylt

Notebook
Notizbuch
inkl. Sylt-Bilder
I love Sylt
Renate Sültz
Uwe H. Sültz

Unsere Kinderbücher:

Das Schweinchen Klecks
und andere Kindergeschichten

ISBN 978-3-95744-286-4

Fitus, der Sylter
Strandkobold

ISBN 978-3-95744-758-6

Fitus, der Sylter
Strandkobold
Gute-Nacht-Geschichten

ISBN 978-3-73922-001-7

UNSere Notizbücher

UNSer Tagebuch, TeleFonbuch und GeburtstagsKalender

KurzgeSchichten Für Eilige

Vorbeugung gegen Myopie
Invertierte Lesetexte gegen Kurzsichtigkeit
Teil 1: Gedichte
R B O G W S
7 9 4 2 6 1 9 2 3
Q R P A V L Y Z A Z
1 4 6 8 2 9 5 3
100 Gedichte mit weißen Buchstaben auf schwarzem Hintergrund zur Vobeugung gegen Kurzsichtigkeit. Natürlich können Sie sich auch über die Gedichte erfreuen! Die Gedichte haben unterschiedliche Buchstabengröße.
Sültz Bücher

Vorbeugung gegen Myopie
Invertierte Lesetexte gegen Kurzsichtigkeit
Teil 2: Norddeutsche Krimis - Sylt
R B O G W S
7 9 4 2 6 1 9 2 3
Q R P A V L Y Z A Z
1 4 6 8 2 9 5 3
Inhalt
Seite 5: Vorwort
Seite 9: SO DEZERNAT H1 - Die Gründung
Seite 16: Inseldiamanten
Seite 22: Mord auf Platz 18
Seite 25: Der Tote am Ellenbogen
Seite 32: Mörderische Gedanken
Seite 43: Kurzer Prozess mit der Mafia
Seite 46: Ein Glas zu viel
Seite 53: Nur ein Wellenschlag
Seite 61: Missbraucht und entsorgt
Seite 66: Roswell auf Sylt
Seite 73: Sein letzter Fall
Seite 80: Annas Fall
Seite 87: SYLT - Mord unter Deck
Beugen Sie durch das Lesen von invertiertem Text der Kurzsichtigkeit (Myopie) vor. Kurzgeschichten eignen sich hervorragend dazu.
Sültz Bücher

Mein
Fußball
Notizbuch
2024
für Ergebnisse
Ereignisse
Erfahrungen
Erlebnisse
Sültz Bücher

ANGELTAGEBUCH
FANGBUCH
Tagebuch/Notizbuch für Angler
Sültz Bücher

Wartung · Service · Kontrolle · Protokoll · Notizen
AUTOMOBIL SERVICE CHECKLISTE
... für Oldtimer, Youngtimer und neuere KFZ
Sültz Bücher

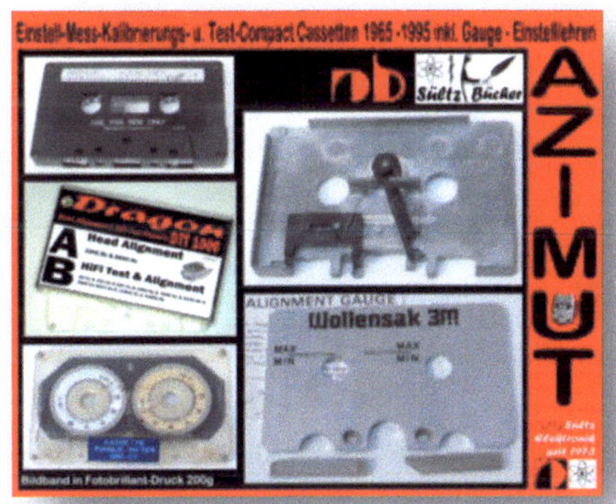

Einstell-Mess-Kalibrierungs- u. Test-Compact Cassetten 1965 -1995 inkl. Gauge - Einstellehren
Sültz Bücher
Dragon DTT 100
A
B
Head Alignment
HIFI Test & Alignment
ALIGNMENT GAUGE
Wollensak 3M
MAX
MIN
MAX
MIN
Bildband in Fotobrillant-Druck 200g
AZIMUT

Renate Sültz
Gedichte
Die Liebe
Ich bin froh, dass ich Dich gefunden.
Leben sind vergangen ohne Dich.
Sehnsucht hatte ich viele Stunden.
Mit Deinem Wesen erfreust Du mich.

Du bist so rein in Deinem Denken.
Warmherzig und gut.
Will Dir mein Herz schenken.
Immer wieder machst Du mir Mut.

200g-Hochglanz-Papier Fotobrillant Bildband
100 Gedichte über Liebe, unsere Erde, Gott, Möpse, Ostern, Advent, Glück, Frieden, Sylt, Popel...
Sültz Bücher

25 Jahre Sültz auf Sylt
GOLD EDITION
Sültz Bücher

Sültz Garage
Klassifizierung und Automodellumbauten in 1:18 von 1983 bis 1993
Bildband in Farbe auf Fotobrillant-Papier (200g)
Sültz Bücher
PORSCHE AUTOMUSEUM HELMUT PFEIFHOFER
GMÜND/KÄRNTEN
GOLD EDITION
UWE H. SÜLTZ

Sültz Bücher
Ein Bildband mit der ersten Compact Cassette PHILIPS EL 1903,
dem ersten Rekorder PHILIPS EL 3300
und der unbekannten Einloch-Kassette.
Bildband in Farbe auf Fotobrillant-Papier (200g)
Kalender 2003
100 Jahre
Compact Cassetten
Nog vele jaren!
21. Juni 20
Happy Birthday,
Lou Ottens!
PHILIPS
GOLD EDITION
UWE H. SÜLTZ

Das Schwedische Kriegsschiff
WASA
Bildband in Farbe auf
Fotobrillant-Papier (200g)
als Modell mit Infos zum
Museum und zur
Geschichte
Sültz Bücher
Koll
Sylt
Museum
WASA
1628
GOLD EDITION
UWE H. SÜLTZ

Uwe H. Sültz
Kunst auf dem Asphalt, am Handgelenk und in der Vitrine
Bildband in Farbe auf Fotobrillant-Papier (200g)
Sültz Bücher
GOLD EDITION
UWE H. SÜLTZ

WESTERN
SHERIFF LEE McALISTER
DAS DUELL
DER TOD LAUERT IN TEXAS
US MARSHAL JOHN W. COBB
MIT DEN WAFFEN DER ZUKUNFT
DIE RACHE DES TEXAS RANGERS
UNITED STATES MARSHAL
Sültz Bücher

Das Schwedische Kriegsschiff
Wasa
als Modell mit Infos zum Museum und zur Geschichte
Bildband in Farbe auf Fotobrillant-Papier (200g)
Sültz Bücher
KOLI Sylt Tinnum
VASA 1682
GOLD EDITION
UWE H. SÜLTZ
13
14
15
16

Kraftfahrzeug

SERVICELEISTUNGEN
INSPEKTIONSHEFT

Kraftfahrzeug

TANKHEFT

... inkl. Kontrollen für Luftdruck, Öl und Steinschlägen/Dellen

inkl. SW-Fotostrecken,
Bibliothek Westerland,
Auszug "Sylt mit Handycap"
und Sylt-Informationen

2 Bücher... 1 Preis

SONDERDEZERNAT WBL 2020 & SONDERDEZERNAT H1

SÜLTZ' SPARBUCH NR.4
3 Bücher... 1 Preis
3 Kinderbücher
Das Schweinchen Klecks und Fitus, der Kobold.
Das dritte Buch ist der Bauernhof der Tiere!
ab 6
Renate & Uwe H. Sültz
BAUERNHOF DER TIERE
WAS SIE ERLEBEN UND ERZÄHLEN
ZUM VORLESEN UND SELBSTLESEN
ab 6
Das Schweinchen Klecks und andere Kindergeschichten
von Renate Rehmann
Fitus der Sylter Strandkobold
34 lustige Kindergeschichten
Das kunterbunte Fitus Buch
Weitere Geschichten und Sylt-Bilder mit Fitus
Ab 7
200+
Sültz Bücher

SÜLTZ SPARBUCH NR.6
Weihnachtsgeschichten
zum Vorlesen
für Eltern und Kinder
Die Altersstufen werden vor jeder Geschichte angezeigt!
2 Bücher... 1 Preis
Sültz Bücher
MEIN KLEINES WEIHNACHTSBUCH
FRIEDEN UND GESUNDHEIT AUF DER ERDE
UND IN ALLEN FAMILIEN
GESCHICHTEN FÜR ELTERN,
KINDERGESCHICHTEN ZUM VORLESEN
UND NOTIZSEITEN FÜR
WEIHNACHTSGESCHENKE ODER
WÜNSCHE FÜR DAS NEUE JAHR
inkl. 4 Kinder-
geschichten ab 6
Sültz Bücher
Renate Sültz & Uwe H. Sültz
Weihnachtsgeschichten
zum Heiligabend
... mit Krippenbildern und Gedichten

Mit Handicap Sylt erleben!

Informationen und Bilder nach dem Ampel-Prinzip

Inkl. Sylt-Informationen aus der Vergangenheit

Morsum Eisboot, Megalith-Grab,
Loran-Station, Inselbahn,
Jöölboom, Badekarren ...

nb

Tagesplaner

Terminplaner - Timer - Organizer

GAS STATION
Tankheft
GOLD EDITION
UWE H. SÜLTZ

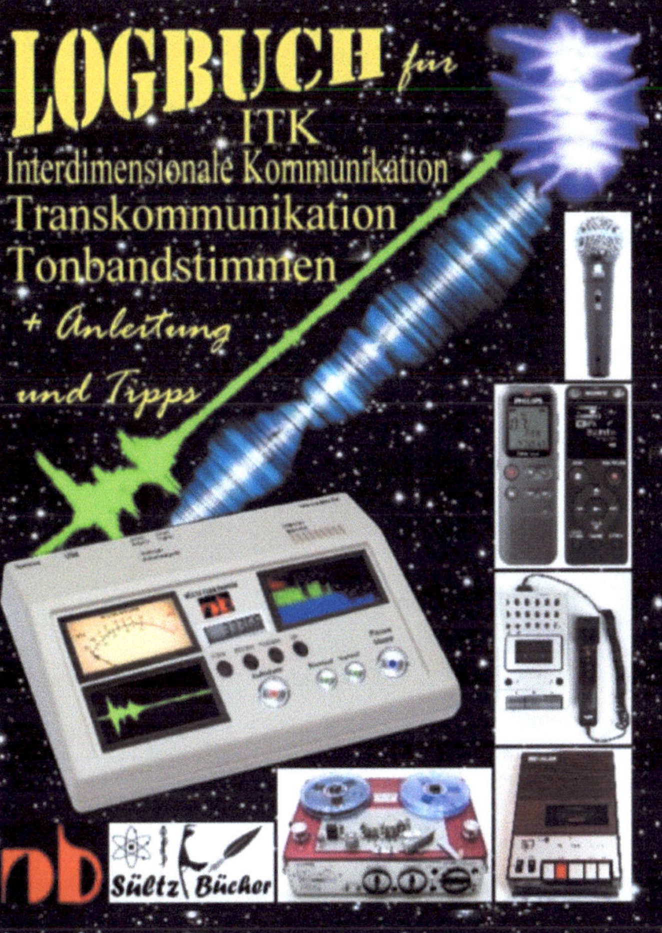

LOGBUCH für
ITK
Interdimensionale Kommunikation
Transkommunikation
Tonbandstimmen
+ Anleitung
und Tipps
nb
Sültz Bücher

UFO Logbuch
Meine UFO-Sichtungen
Sültz Bücher

Collection of typical German food
Grandma's
Wardenga Sueltz
delicious
German food
Sueltz Books
... in German

Mein
Ostermalbuch
inkl. 2 Ostergeschichten
zum Vorlesen oder Selbstlesen
ab 5
Sültz Bücher

Passwort Manager - Logbuch - Safe
Internet & Passwort Organizer

Pflegetagebuch · mit Erfolg zum Pflegegrad

... für Menschen mit Demenz
... inkl. Erinnerungstherapie-Protokoll & Training

Zur Vorlage bei der Pflegebegutachtung durch den Medizinischen Dienst

Für 14 Tage - nach dem neuen Zweiten Pflege-stärkungsgesetz (PSG II) seit 2017

Pflegegrade, statt Pflegestufen

Reha - und
Kurtagebuch
... für 30 Tage
Sültz Bücher

Reise- und Urlaubs-
Tagebuch
52 Seiten, inkl. Checkliste
für die Vorbereitungen
und Wettersymbolen

Sültz Bücher

FERIEN AUF SYLT MIT SCHWEINCHEN KLECKS UND FITUS, DEM SYLTER STRANDKOBOLD

Sültz, Renate; Sültz, Uwe H.

Paperback
100 Seiten
ISBN 978-3-7412-6721-5

€ 12,98

inkl. MwSt. zzgl. Versand

IN DEN WARENKORB 🛒

BESCHREIBUNG	AUTOR/IN	PRESSESTIMMEN (0)

FERIEN AUF SYLT MIT SCHWEINCHEN KLECKS UND FITUS, DEM SYLTER STRANDKOBOLD

Fitus, unser Sylter Strandkobold, bekommt dieses Mal Besuch von seinen Freunden aus dem Ruhrgebiet und dem Sauerland. Mit dabei sind das Schweinchen Klecks, der Clown Florian, der Ritter Berti, der schlaue Rabe Roger, der Zauberer Milan und natürlich das Mischlingshündchen Zottel. Alle haben viele Geschichten mitgebracht und erleben auf der Insel Sylt nun ihre Ferien.

DAS GROßE FITUS-MALBUCH - FITUS, DER SYLTER STRANDKOBOLD, MIT SCHWEINCHEN KLECKS UND FREUNDEN

Sültz, Renate; Sültz, Uwe H.

Paperback
48 Seiten
ISBN 978-3-7412-8587-5

€ 5,98

inkl. MwSt. zzgl. Versand

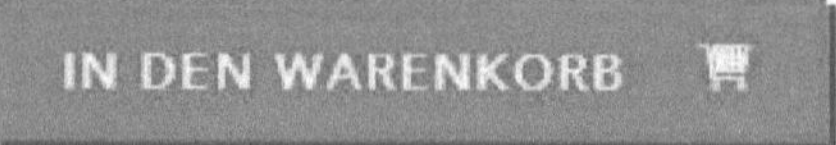

BESCHREIBUNG	AUTOR/IN	PRESSESTIMMEN (0)

DAS GROßE FITUS-MALBUCH - FITUS, DER SYLTER STRANDKOBOLD, MIT SCHWEINCHEN KLECKS UND FREUNDEN

Das große Fitus Malbuch - Hier lassen sich Fitus, der Sylter Strandkobold, und seine Freunde ausmalen. Eine ideale Ergänzung zu den Fitus-Kinderbüchern.

FITUS, DER SYLTER STRANDKOBOLD

Sültz, Renate; Sültz, Uwe H.

Paperback
184 Seiten
ISBN 978-3-7392-4758-8

€ 9,95

inkl. MwSt. zzgl. Versand

BESCHREIBUNG	AUTOR/IN	PRESSESTIMMEN (0)

FITUS, DER SYLTER STRANDKOBOLD

Fitus hilft allen Kindern und Tieren auf der Insel Sylt, die in Not geraten. Er wird von den Kindern gesehen, aber nicht von den Erwachsenen. Die Abenteuer, die Fitus mit den Kindern erlebt, spielen an den für Sylt typischen Orten. Dazu sind kindgerechte Informationen über die Insel Sylt mit eingebracht. Diese Informationen stammen von unserem Gast-Autor KOLI aus Tinnum. Alle Bilder sind in Farbe und zeigen Fitus an leicht wiederzuerkennenden Orten der Insel Sylt.
Diese Ausgabe beinhaltet Geschichten aus unserem ersten Fitus-Buch, aber auch neue Geschichten. Es ist für Leser und zum Vorlesen geeignet. Jetzt sind alle Bilder in Farbe, die Buchstaben sehr groß und der Preis niedrig.

FITUS, DER SYLTER STRANDKOBOLD

Sültz, Renate; Sültz, Uwe H.

Paperback
88 Seiten
ISBN 978-3-7392-2001-7

€ 4,99

inkl. MwSt. zzgl. Versand

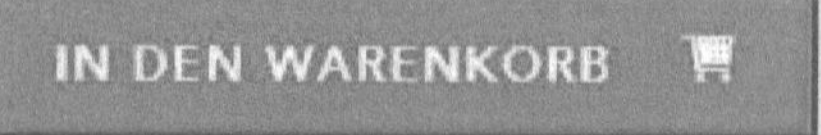

BESCHREIBUNG	AUTOR/IN	PRESSESTIMMEN (0)

FITUS, DER SYLTER STRANDKOBOLD

Fitus, der Sylter Strandkobold, hilft allen Kindern und Tieren auf der Insel. Er wird von allen Kindern gesehen. Seit Generationen lebt Fitus bereits auf Sylt. Er erlebt spannende Abenteuer. In diesem Buch werden Gute-Nacht-Geschichten erzählt. Kindgerechte Informationen über die Insel ergänzen die Geschichten.
Für Leser oder zum Vorlesen.

MEIN OSTERBUCH - GESCHICHTEN ZUM VORLESEN UND BILDER ZUM AUSMALEN

Sültz, Uwe H.; Sültz, Renate

Paperback
76 Seiten
ISBN 978-3-8334-9720-9

€ 8,49
inkl. MwSt. zzgl. Versand

IN DEN WARENKORB 

BESCHREIBUNG	AUTOR/IN	PRESSESTIMMEN (0)

MEIN OSTERBUCH - GESCHICHTEN ZUM VORLESEN UND BILDER ZUM AUSMALEN

Ein Osterbuch für Kinder im Vorschulalter. Die Geschichten sind zum Vorlesen, aber auch zum Selbstlesen geeignet. Viele Bilder können selbst ausgemalt werden. Ein Osterbuch zum erschwinglichen Preis.

SCHLAFTAGEBUCH FÜR 3 WOCHEN - WARUM SCHLAFE ICH NICHT EIN? SCHLAFSTÖRUNGEN, SCHLAFPROBLEME DOKUMENTIEREN.

Sültz, Renate; Sültz, Uwe H.

Paperback
28 Seiten
ISBN 978-3-7412-7726-9

€ 6,89
inkl. MwSt. zzgl. Versand

IN DEN WARENKORB

BESCHREIBUNG	AUTOR/IN	PRESSESTIMMEN (0)

SCHLAFTAGEBUCH FÜR 3 WOCHEN - WARUM SCHLAFE ICH NICHT EIN? SCHLAFSTÖRUNGEN, SCHLAFPROBLEME DOKUMENTIEREN.

Schlaflosigkeit führt zu einer eingeschränkten Leistungsfähigkeit.
Warum schlafe ich schlecht ein? Warum schlafe ich nicht?
Fragen, die Sie mit Hilfe eines Schlaftagebuchs und Ihrem Arzt klären können, klären müssen!
Finden Sie heraus was gut oder schlecht für Ihren Schlaf ist.

MEIN ERFOLGSTAGEBUCH - JA, ICH SCHAFFE DAS!

Sültz, Renate; Sültz, Uwe H.

Paperback
112 Seiten
ISBN 978-3-7412-5576-2

€ 9,98

inkl. MwSt. zzgl. Versand

IN DEN WARENKORB 🛒

BESCHREIBUNG	AUTOR/IN	PRESSESTIMMEN (0)

MEIN ERFOLGSTAGEBUCH - JA, ICH SCHAFFE DAS!

Jeder hat Träume, jeder möchte in seinem Leben etwas erreichen. Folglich setzen wir uns Ziele auf unserem Lebensweg. Erreichen wir diese Ziele, sprechen wir von Erfolg. Wir waren erfolgreich. Für jeden von uns kann Erfolg eine andere Bedeutung haben. Etwas erfolgreich abnehmen, Erfolg im Sport, im Beruf oder in der Liebe, nicht mehr rauchen, einen Sportwagen erwerben, usw.

Wichtig ist nur, dass wir unsere Ziele nicht aus den Augen verlieren und aufschreiben. Allein durch das Notieren wird uns schon mehr bewusst. Kleine Schritte führen auch zum Erfolg.

Notieren Sie einfach in dieses Erfolgstagebuch Ihre persönlichen Ziele, haken Sie kleine Schritte ab

MEINE TRAUMGESCHICHTEN - TRAUMTAGEBUCH FÜR TRAUMBERICHTE ZUM SCHREIBEN UND MALEN

Sültz, Renate; Sültz, Uwe H.

Paperback
124 Seiten
ISBN 978-3-7412-4224-3

€ 9,98
inkl. MwSt. zzgl. Versand

IN DEN WARENKORB

BESCHREIBUNG	AUTOR/IN	PRESSESTIMMEN (0)

MEINE TRAUMGESCHICHTEN - TRAUMTAGEBUCH FÜR TRAUMBERICHTE ZUM SCHREIBEN UND MALEN

Nach dem Einschlafen träumen wir. Leider können wir uns nicht immer daran erinnern.

Dabei wäre es interessant, vielleicht sogar nützlich, wenn wir unsere Träume verstehen könnten.

Dazu müssen wir sie aber zuerst einmal aufschreiben.

In dieses Traumtagebuch, mit den großzügigen Maßen von 19 x 27 cm, lassen sich nach dem Aufwachen auf der linken Seite einige Informationen (Datum, Uhrzeit, Traumthema, usw.) eintragen.

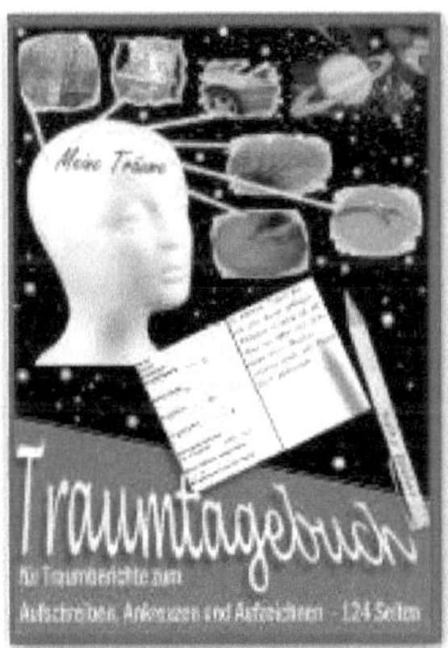

TRAUMTAGEBUCH FÜR TRAUMBERICHTE ZUM AUFSCHREIBEN, ANKREUZEN UND AUFZEICHNEN

Sültz, Renate; Sültz, Uwe H.

Paperback
124 Seiten
ISBN 978-3-7412-4984-6

€ 9,98

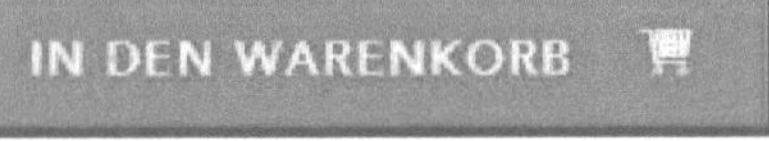

BESCHREIBUNG	AUTOR/IN	PRESSESTIMMEN (0)

TRAUMTAGEBUCH FÜR TRAUMBERICHTE ZUM AUFSCHREIBEN, ANKREUZEN UND AUFZEICHNEN

Nach dem Einschlafen träumen wir. Leider können wir uns nicht immer daran erinnern.
Dabei wäre es interessant, vielleicht sogar nützlich, wenn wir unsere Träume verstehen könnten.
Dazu müssen wir sie aber zuerst einmal aufschreiben.
In dieses Traumtagebuch, mit den großzügigen Maßen von 19 x 27 cm, lassen sich nach dem
Aufwachen auf der linken Seite einige Informationen (Datum, Uhrzeit, Traumthema, usw.) eintragen
und ankreuzen.

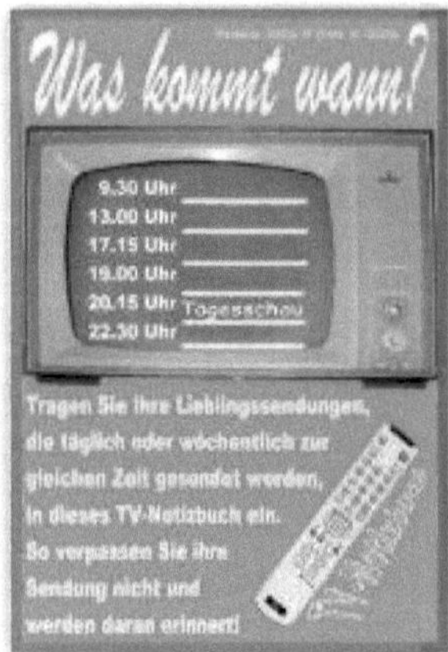

WAS KOMMT WANN? MEIN TV-NOTIZBUCH

Sültz, Renate; Sültz, Uwe H.

Paperback
92 Seiten
ISBN 978-3-8370-7940-1

€ 7,49

inkl. MwSt. zzgl. Versand

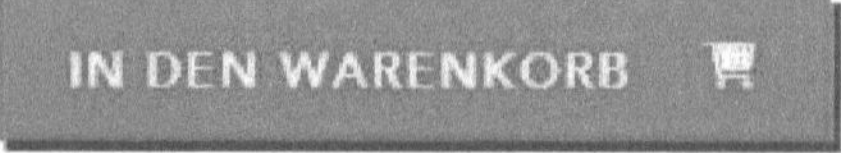

BESCHREIBUNG	AUTOR/IN	PRESSESTIMMEN (0)

WAS KOMMT WANN? MEIN TV-NOTIZBUCH

WAS KOMMT WANN IM TV? Hier lassen sich alle Lieblingssendungen eintragen, die täglich oder wöchentlich gesehen werden möchten. Kinder können ihre Sendungen eintragen und die liebe Oma wird an die Samstag-Abend-Show erinnert. Dieses TV-Notizbuch ist im XXL-Format, damit es schnell gefunden wird und ohne Brille zu lesen ist. Außerdem lassen sich die Programmplätze notieren.

MEIN HAUSHALTSBUCH

Sültz, Renate; Sültz, Uwe H.

Paperback
124 Seiten
ISBN 978-3-8370-9394-0

€ 5,49

inkl. MwSt. zzgl. Versand

IN DEN WARENKORB 🛒

BESCHREIBUNG	AUTOR/IN	PRESSESTIMMEN (0)

MEIN HAUSHALTSBUCH

Irgendwo muss doch etwas übrig bleiben!!!

Sind die Versicherungen überprüft? Gibt es günstigere Alternativen?

Standby bei vielen Geräten kostet Geld! Kein AUS-Schalter vorhanden?

Es gibt Zwischenstecker!

Tropft der Wasserhahn? Das kostet Ihre Kohle!

Sind Sie bei der Beleuchtung schon umgestiegen? Es gibt LED!

Heizt die Kaffeemaschine den ganzen Tag?

Kochwäsche: Immer nötig? Und was ist mit dem Trockner?

RAUCHER - KOSTENBUCH - TAGEBUCH - NOTIZBUCH

Sültz, Renate; Sültz, Uwe H.

Paperback
104 Seiten
ISBN 978-3-8423-2480-0

€ 4,99

inkl. MwSt. zzgl. Versand

IN DEN WARENKORB

BESCHREIBUNG	AUTOR/IN	PRESSESTIMMEN (0)

RAUCHER - KOSTENBUCH - TAGEBUCH - NOTIZBUCH

Rauchen – wie viel Asche kostet mich das? Wie viel könnte ich sparen? In dieses Kostenbuch werden die Zigaretten täglich eingetragen.

Nichtraucher werden – weil:
… man besser riecht
… man weißere Zähne hat
… man keine gelben Gardinen hat

PILLEN-BUCH, TABLETTEN-TAGEBUCH, MEDIKAMENTENPLAN - INKL. BLUTDRUCKKONTROLLE

Sültz, Renate; Sültz, Uwe H.

Paperback
104 Seiten
ISBN 978-3-8391-9182-8

€ 4,89

inkl. MwSt. zzgl. Versand

IN DEN WARENKORB

BESCHREIBUNG	AUTOR/IN	PRESSESTIMMEN (0)

PILLEN-BUCH, TABLETTEN-TAGEBUCH, MEDIKAMENTENPLAN - INKL. BLUTDRUCKKONTROLLE

Wann muss ich welche Pille nehmen? Wie ist mein Blutdruck? Wie lautet die Telefonnummer meines Arztes?
Das alles haben Sie in diesem Notizbuch auf einen Blick!

DER ÜBERGANG - EINE STERBEBEGLEITUNG

Sültz, Uwe H.

Paperback
40 Seiten
ISBN 978-3-7412-6678-2

€ 3,49

IN DEN WARENKORB

BESCHREIBUNG | AUTOR/IN | PRESSESTIMMEN (0)

DER ÜBERGANG - EINE STERBEBEGLEITUNG

Eine Sterbebegleitung ist etwas sehr Persönliches. Für die Sterbebegleitung benötigt man keine besondere Ausbildung oder Fähigkeit, sich viel Zeit nehmen, Trost spenden, Liebe geben, zuhören, dem Sterbenden eine einfühlsame Betreuung zukommen lassen, das ist das Wichtigste.
Vielleicht machen wir uns allein, mit dem zu Begleitenden oder mit den Angehörigen Gedanken darüber, wohin es gehen wird.
Jeder kann da seine eigene Darstellung und Meinung haben, aber es hilft.

MEIN BLUTDRUCK-TAGEBUCH

Sültz, Renate; Sültz, Uwe H.

Paperback
88 Seiten
ISBN 978-3-8391-2980-7

€ 4,25

inkl. MwSt. zzgl. <u>Versand</u>

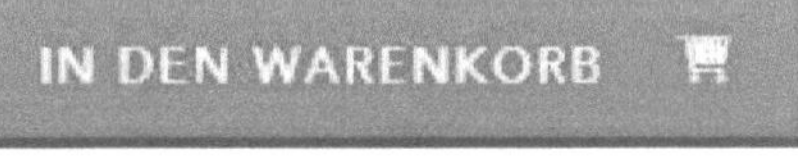

BESCHREIBUNG	AUTOR/IN	PRESSESTIMMEN (0)

MEIN BLUTDRUCK-TAGEBUCH

Durch unsere Schlagadern fließt Blut unter Druck, dies nennt man Blutdruck. Der Blutdruck ist am höchsten, wenn sich das Herz zusammenzieht und so das Blut in die Gefäße gepresst wird (Systole). Danach entspannt sich der Herzmuskel und der Blutdruck erreicht seinen minimalsten Wert (Diastole). Ein zu hoher, dauerhafter Blutdruck nennt man Hypertonie, also Bluthochdruck. Ist er zu niedrig, nennt man dies Hypotonie.

Die optimalen Werte liegen beim oberen Wert (Systolischer Druck) bis 120 mmHg und beim unteren Wert (Diastolischer Druck) bis 80 mmHg. Bluthochdruck beginnt bei 140 / 90 mmHg.

ICH WAR IHR MEDIUM & DEMENZ - KEIN WEG FÜHRT ZURÜCK

Sültz, Renate; Sültz, Uwe H.

Paperback
108 Seiten
ISBN 978-3-7322-8634-8

€ 4,89

inkl. MwSt. zzgl. Versand

IN DEN WARENKORB 🛒

BESCHREIBUNG	AUTOR/IN	PRESSESTIMMEN (0)

ICH WAR IHR MEDIUM & DEMENZ - KEIN WEG FÜHRT ZURÜCK

Paranormale Phänomene, Geister, Engelsbotschaften, Medium, Weltall, Sekte, Schicksal, Krankheit, Demenz, Macht und Depression... das alles soll in 2 Geschichten vorkommen? Auch noch mit wahrem Hintergrund? Dann lesen Sie einfach weiter, welche Schicksale dahinterstecken...
+ 6 Kurzgeschichten

LÜNEN - DAS TOR ZWISCHEN MÜNSTERLAND UND RUHRGEBIET

Sültz, Renate; Sültz, Uwe H.

Hardcover
68 Seiten
ISBN 978-3-7412-0517-0

€ 19,49

inkl. MwSt. zzgl. Versand

BESCHREIBUNG	AUTOR/IN	PRESSESTIMMEN (0)

LÜNEN - DAS TOR ZWISCHEN MÜNSTERLAND UND RUHRGEBIET

Lünen – Das Tor zwischen Münsterland und Ruhrgebiet. Am nordöstlichsten Rand des Ruhrgebietes und am südlichsten Rand des Münsterlandes liegt Lünen. Lünen liegt an der Lippe, einer bedeutenden Fernhandelsstraße (Niederrhein bis Nord- und Ostsee). Als ehem. Beistadt der mittelalterlichen Hanse ist Lünen Mitglied im Hansebund der Neuzeit.

KLEINE TRÄUME & GROßE TRÄUME - FERRARI 348 & PORSCHE 356 - 1:18 & 1:1

Sültz, Renate; Sültz, Uwe H.

Paperback
36 Seiten
ISBN 978-3-7412-2699-1

€ 9,48

IN DEN WARENKORB

BESCHREIBUNG	AUTOR/IN	PRESSESTIMMEN (0)

KLEINE TRÄUME & GROßE TRÄUME - FERRARI 348 & PORSCHE 356 - 1:18 & 1:1

FERRARI und PORSCHE, aber eigentlich lassen sich viele Marken nennen, die wunderbare Sportwagen auf unsere Straßen bringen. In vielen Maßstäben gibt es sie und stehen in vielen Vitrinen oder Kinderzimmern. In diesem Bildband stehen ein FERRARI 348 und ein PORSCHE 356 Pate für viele weitere Sportwagen in 1:18 und in 1:1.

RÜNTHE - MEINE HEIMAT - VON DER BAUMANNSBURG ÜBER DIE D-ZUG-SIEDLUNG UND SCHACHT 3 BIS ZU MARINA RÜNTHE

Sültz, Renate; Sültz, Uwe H.

Hardcover
80 Seiten
ISBN 978-3-7412-2380-8

€ 21,49

inkl. MwSt. zzgl. Versand

IN DEN WARENKORB

BESCHREIBUNG | AUTOR/IN | PRESSESTIMMEN (0)

RÜNTHE - MEINE HEIMAT - VON DER BAUMANNSBURG ÜBER DIE D-ZUG-SIEDLUNG UND SCHACHT 3 BIS ZU MARINA RÜNTHE

Mit diesem kleinen Fotobuch stellen wir Rünthe vor. Im Fernsehen liefen bereits unsere Filme über Rünthe. Heute sind die Filme noch im Internet zu sehen. Nun stellen wir ein kleines Fotobuch vor. (

Renate Sültz und Uwe H.

**Sylt
Impressionen
eine Fotostrecke**

mit über 350 Bildern

Sylt Impressionen - eine Fotostrecke rund um die Insel Sylt: Über 350 Bilder von List über Westerland, Keitum, Morsum-Kliff, bis Hörnum

Kindle Edition

von Renate Sültz (Autor), Uwe H. Sültz (Autor)

Geben Sie die erste Bewertung für diesen Artikel ab

› Alle Formate und Ausgaben anzeigen

Kindle Edition
EUR 3,49

Lesen Sie mit unserer **kostenfreien App**

Sylt ist immer eine Reise wert. Ob im Frühjahr, Sommer, Herbst oder im Winter, die Insel ist einfach Liebenswert. Diese Fotostrecke ist für alle Sylt-Freunde und für die, die es noch werden möchten. Die Bilder beginnen im Norden mit List. Es geht weiter zum Ellenbogen. Dann ist Kampen mit der Uwe-Düne an der Reihe. Wir werfen einen Blick nach Westerland, in die Innenstadt, an den Strand, sehen den Flughafen und natürlich den Bahnhof. Das Morsum-Kliff

▾ Mehr lesen

REZEPTE-NOTIZBUCH - KOCHREZEPTE ZUM SELBERSCHREIBEN ODER MITSCHREIBEN AUS DEM TV

Sültz, Renate; Sültz, Uwe H.

Paperback
100 Seiten
ISBN 978-3-7412-3944-1

€ 9,99

inkl. MwSt. zzgl. Versand

IN DEN WARENKORB

BESCHREIBUNG	AUTOR/IN	PRESSESTIMMEN (0)

REZEPTE-NOTIZBUCH - KOCHREZEPTE ZUM SELBERSCHREIBEN ODER MITSCHREIBEN AUS DEM TV

Sie schauen sich gern Kochsendungen an?
Möchten schnell das Rezept oder Tipps mitschreiben?
Finden später Ihre Zettel nicht mehr wieder?
Hier ist Ihr Rezepte-Notizbuch!

HERZHAFTES AUS DER HEIMAT - INKL. SYLT-FOTOBUCH

Sültz, Renate

Ringbuch
48 Seiten
ISBN 978-3-7412-8397-0

€ 12,49

inkl. MwSt. zzgl. Versand

IN DEN WARENKORB 🛒

| BESCHREIBUNG | AUTOR/IN | PRESSESTIMMEN (0) |

HERZHAFTES AUS DER HEIMAT - INKL. SYLT-FOTOBUCH

In diesem dritten Teil dreht sich alles um "Herzhaftes aus der Heimat". Verfeinert wird das kleine Kochbuch mit herrlichen Sylt-Bildern in Fotodruck.
Viel Freude und "Guten Appetit" wünscht
Renate Sültz

SYLT & SALATE - RENATE SÜLTZ STELLT IHRE KÖSTLICHSTEN FISCH- UND PARTYSALATE VOR - INKL. SYLT-BILDBAND

Sültz, Renate

Ringbuch
32 Seiten
ISBN 978-3-7412-4183-3

€ 12,49

inkl. MwSt. zzgl. Versand

IN DEN WARENKORB

BESCHREIBUNG | AUTOR/IN | PRESSESTIMMEN (0)

SYLT & SALATE - RENATE SÜLTZ STELLT IHRE KÖSTLICHSTEN FISCH- UND PARTYSALATE VOR - INKL. SYLT-BILDBAND

SÜLTZ & SUPPEN - RENATE SÜLTZ STELLT IHRE DEFTIGSTEN SUPPEN UND SCHMACKHAFTESTEN FISCHSUPPEN VOR - INKL. SYLT-BILDBAND

Sültz, Renate

Ringbuch
48 Seiten
ISBN 978-3-7412-5373-7

€ 12,49

inkl. MwSt. zzgl. Versand

IN DEN WARENKORB 

BESCHREIBUNG	AUTOR/IN	PRESSESTIMMEN (0)

SÜLTZ & SUPPEN - RENATE SÜLTZ STELLT IHRE DEFTIGSTEN SUPPEN UND SCHMACKHAFTESTEN FISCHSUPPEN VOR - INKL. SYLT-BILDBAND

DER KLEINE SYLT REPORT - TEIL 2 - AUTORENTEAM SÜLTZ AUF SYLT

Sültz, Renate; Sültz, Uwe H.

Paperback
124 Seiten
ISBN 978-3-7412-3995-3

€ 4,99

IN DEN WARENKORB

BESCHREIBUNG	AUTOR/IN	PRESSESTIMMEN (0)

DER KLEINE SYLT REPORT - TEIL 2 - AUTORENTEAM SÜLTZ AUF SYLT

DER KLEINE SYLT REPORT - Teil 2 - SYLT - Eine Insel zum Träumen. Ob Frühling, Sommer, Herbst oder Winter... Sylt ist immer eine Reise wert. DER KLEINE SYLT REPORT ist eine Buchreihe mit immer wechselnden Themen zu erschwinglichen Preisen. Themenüberblick:
-NEWS – Der neue Lister Markt
-NEWS - Morsum: „Neue Männer braucht das Land!"
-NEWS - Neuer Straßenbelag zwischen Westerland und Hörnum
-Straße der Höflichkeit – Autor KOLI erzählt

6 INTERESSANTE INSELGESCHICHTEN - SYLT - WAS ONKEL KOLI AUS TINNUM NOCH WUSSTE

Sültz, Uwe H.; Koli; Sültz, Renate

Booklet
28 Seiten
ISBN 978-3-7412-5163-4

€ 3,49

inkl. MwSt. zzgl. Versand

IN DEN WARENKORB 🛒

BESCHREIBUNG	AUTOR/IN	PRESSESTIMMEN (0)

6 INTERESSANTE INSELGESCHICHTEN - SYLT - WAS ONKEL KOLI AUS TINNUM NOCH WUSSTE

Wer wird sich viel später noch an die Sylter-Inselbahn erinnern? Oder wo liegt "die Straße der Höflichkeit"? 6 kleine Geschichten erzählt uns Onkel Koli aus Tinnum. Er ist noch mit der Inselbahn gefahren. Seine Modelleisenbahn ist Sylt nachempfunden. Und oft genug bedankte sich Koli auf der Straße der Höflichkeit. Dieses kleine Büchlein ist unserem lieben Freund Koli gewidmet. Er liefert wertvolle Informationen zu den Büchern vom Autorenteam Sültz auf Sylt. Ob Krimi, Bildband oder Kinderbuch... ohne unseren Koli geht es nicht. Danke Koli

COMPACT CASSETTE RECORDER PHILIPS EL 3300 - THANK YOU FOR THIS BRILLIANT COMPACT CASSETTE RECORDER - LOU OTTENS - JOHANNES JOZEPH MARTINUS SCHOENMAKERS - PETER VAN DER SLUIS

Sültz, Uwe H.

Paperback
128 Seiten
ISBN 978-3-7412-3906-9

€ 7,49
inkl. MwSt. zzgl. Versand

IN DEN WARENKORB

BESCHREIBUNG	AUTOR/IN	PRESSESTIMMEN (0)

COMPACT CASSETTE RECORDER PHILIPS EL 3300 - THANK YOU FOR THIS BRILLIANT COMPACT CASSETTE RECORDER - LOU OTTENS - JOHANNES JOZEPH MARTINUS SCHOENMAKERS - PETER VAN DER SLUIS

DER KLEINE SYLT REPORT

Sültz, Renate; Sültz, Uwe H.

Paperback
88 Seiten
ISBN 978-3-7392-2559-3

€ 4,99

inkl. MwSt. zzgl. Versand

BESCHREIBUNG	AUTOR/IN	PRESSESTIMMEN (0)

DER KLEINE SYLT REPORT

SYLT - Eine Insel zum Träumen. Ob Frühling, Sommer, Herbst oder Winter... Sylt ist immer eine Reise wert. DER KLEINE SYLT REPORT ist eine Buchreihe mit immer wechselnden Themen zu erschwinglichen Preisen. Themenüberblick:

-Bilder von Weihnachten 2015 auf der Insel

-Informationen über die Inselbahn 1888-1970

-Interessante Internetadressen, z.B. SYLT1

-Vorstellung von Koli, Autor in Tinnum

-Bücher vom Autorenteam Sültz auf Sylt

-Kurzgeschichten aus „Fitus, der Sylter Strandkobold", sowie der Sylt-Krimi „Mord unter Deck" und weitere...

Uwe H. Sültz

MusiCassetten

MusiCassetten-Auswahl ab 1964 Kindle Edition

von Uwe H. Sültz (Autor)

Geben Sie die erste Bewertung für diesen Artikel
ab

▸ Alle Formate und Ausgaben anzeigen

Kindle Edition
EUR 0,49

Lesen Sie mit unserer **kostenfreien App**

Der welterste Compact-Cassetten-Recorder (Pocket-Recorder) PHILIPS EL 3300 wurde im belgischen PHILIPS-Werk in Hasselt entwickelt. Dieses sog. Zweilochsystem setzte sich gegen das in Wien erfundene Einlochsystem durch. Lou Ottens war der Teamleiter in Belgien. Maßgeblich beteiligt im Team waren J.J.M. Schoenmakers und Peter van der Sluis (die Urkassette PHILIPS EL 1903, den Mechanismus, sowie den Recorder). 1963 wurden bei der

▾ Mehr lesen

DIE MUSICASSETTEN
Sültz, Uwe H.

Paperback
96 Seiten
ISBN 978-3-8391-0484-2

€ 16,99

inkl. MwSt. zzgl. Versand

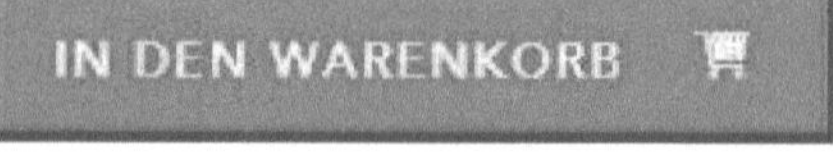

BESCHREIBUNG	AUTOR/IN	PRESSESTIMMEN (0)

DIE MUSICASSETTEN

Die welterste Compact-Cassette wurde 1963 von PHILIPS, EL 1903, vorgestellt.
Bereits 1964 wurden erste fertig bespielte Cassetten, KOSTPROBEN von PHILIPS/MERCURY, dem Cassetten-Recorder PHILIPS EL 3301 beigelegt. 1965 kamen dann die ersten MusiCassetten (01 001 CDE Latin American Favourites und 01 002 Misa Criolla) auf den Markt. 1966/67 gab es MusiCassetten in STEREO. 1968 wurde DOLBY eingeführt. 1971 kam das Chrom-Band. Rechts, auf dem linken Bild, ist eine Einloch-Kassette aus dem Wiener-PHILIPS-Werk zu sehen.
Das Einloch-System wurde parallel zum Zweiloch-System konstruiert, hatte aber das Nachsehen bei PHILIPS... es hätte also auch alles ganz anders kommen können.

COMPACT CASSETTEN RECORDER PHILIPS EL 3300 - DANKE, LOU OTTENS, JOHANNES JOZEPH MARTINUS SCHOENMAKERS UND PETER VAN DER SLUIS FÜR DIESE GENIALE ERFINDUNG!

Sültz, Uwe H.

Hardcover
84 Seiten
ISBN 978-3-7412-2666-3

€ 27,49

inkl. MwSt. zzgl. Versand

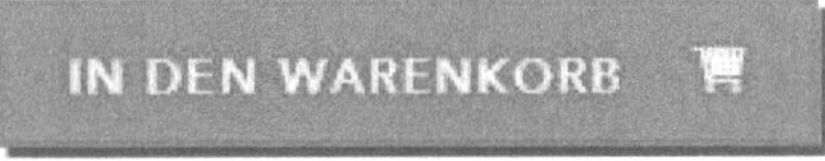

BESCHREIBUNG	AUTOR/IN	PRESSESTIMMEN (0)

COMPACT CASSETTEN RECORDER PHILIPS EL 3300 - DANKE, LOU OTTENS, JOHANNES JOZEPH MARTINUS SCHOENMAKERS UND PETER VAN DER SLUIS FÜR DIESE GENIALE ERFINDUNG!

ERSTE COMPACT-CASSETTEN UND DIE UNBEKANNTE EINLOCH-KASSETTE

Sültz, Uwe H.

Paperback
96 Seiten
ISBN 978-3-8334-9972-2

€ 16,99

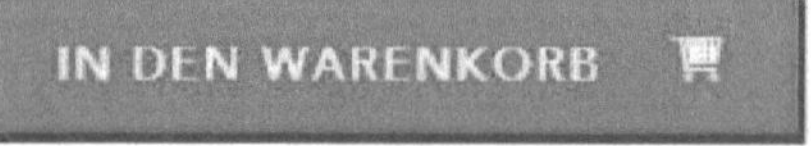

BESCHREIBUNG	AUTOR/IN	PRESSESTIMMEN (0)

ERSTE COMPACT-CASSETTEN UND DIE UNBEKANNTE EINLOCH-KASSETTE

Die welterste Compact-Cassette wurde im Januar 1963 der Öffentlichkeit vorgestellt. Es handelte sich um eine Zweiloch-Kassette. Eine Einloch-Kassette wurde parallel hergestellt, PHILIPS entschied sich aber für die Zweiloch-Kassette. Das Team um Lou Ottens entwickelte diese Kassette... genauer: Es war J. J. M. Schoenmakers.

Uwe H. Sültz

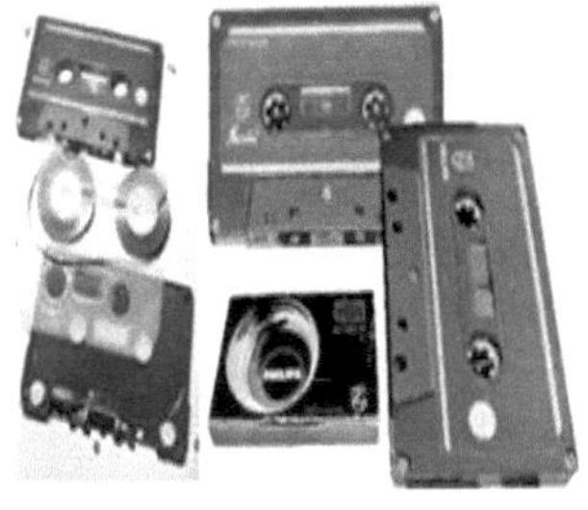

Compact-
Cassetten-Aufbau

PHILIPS EL 1903

Compact-Cassetten-Aufbau der weltersten PHILIPS EL 1903 aus dem Jahr 1963, inkl. NORELCO Kindle Edition

von Uwe H. Sültz (Autor)

Geben Sie die erste Bewertung für diesen Artikel ab

› Alle Formate und Ausgaben anzeigen

Kindle Edition
EUR 4,99

Lesen Sie mit unserer **kostenfreien App**

Der welterste Compact-Cassetten-Recorder (Pocket-Recorder) PHILIPS EL 3300 wurde im belgischen PHILIPS-Werk in Hasselt entwickelt. Dieses sog. Zweilochsystem setzte sich gegen das in Wien erfundene Einlochsystem durch. Lou Ottens war der Teamleiter in Belgien. Maßgeblich beteiligt im Team waren J.J.M. Schoenmakers und Peter van der Sluis (die Urkassette PHILIPS EL 1903, den Mechanismus, sowie den Recorder). 1963 wurden bei der

▾ Mehr lesen

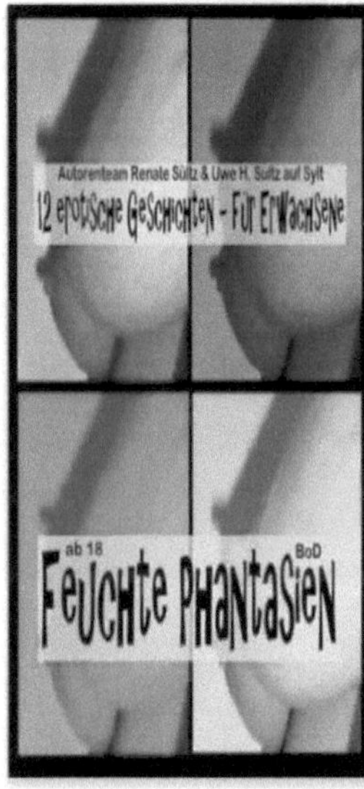

Feuchte Phantasien: 12 erotische Geschichten für Erwachsene

Taschenbuch – 8. März 2016

von Renate Sültz (Autor), Uwe H. Sültz (Autor)

Geben Sie die erste Bewertung für diesen Artikel ab

▸ Alle Formate und Ausgaben anzeigen

Kindle Edition	Taschenbuch
EUR 4,49	EUR 6,66

Lesen Sie mit unserer **kostenfreien App**

Lieferung Dienstag, 23. Aug.: Bestellen Sie innerhalb 16 Stunden und 13 Minuten per **Premiumversand** an der Kasse. Siehe Details.

4 neu ab EUR 6,66

Dieses Buch entstand aufgrund eines Wunsches unseres befreundeten Paares. Die Luft im Liebesleben wurde dünner. „Wir trauen uns nicht, irgendetwas aus einem Shop zu kaufen, was die Phantasie anreizen könnte. Habt ihr eine Idee?", fragten sie. „Vielleicht könnten zwei, drei reizvolle Kurzgeschichten eure Phantasien wieder anregen?", sagten wir.

UNSER MANNI - SEXY UND LUSTIGE GESCHICHTEN AUS DEM RUHRPOTT

Sültz, Renate

Paperback
88 Seiten
ISBN 978-3-8482-0481-6

€ 6,66

inkl. MwSt. zzgl. Versand

IN DEN WARENKORB

BESCHREIBUNG	AUTOR/IN	PRESSESTIMMEN (0)

UNSER MANNI - SEXY UND LUSTIGE GESCHICHTEN AUS DEM RUHRPOTT

Der Ruhrpott ist eine Welt für sich. Wer erinnert sich nicht gern an den Garten der Großeltern. Opa war auf'm Pütt. Oma pflanzte Gemüse an und pflegte ihre Rosen. Das alte Zechenhaus war grau, die Randsteine im Garten ordentlich verlegt. Manchmal bestand die Beet-Umrandung auch aus Weinflaschen.

GEBURTSTAGSKALENDER FÜR SYLT-FREUNDE

Sültz, Renate; Sültz, Uwe H.

Ringbuch
24 Seiten
ISBN 978-3-7392-4117-3

€ 9,99

inkl. MwSt. zzgl. Versand

IN DEN WARENKORB

BESCHREIBUNG	AUTOR/IN	PRESSESTIMMEN (0)

GEBURTSTAGSKALENDER FÜR SYLT-FREUNDE

Ob der Hochzeitstag, Geburtstage oder andere wichtige Ereignisse, in diesen Kalender lassen sich diese Daten eintragen. Die herrlichen Sylt-Bilder erinnern schon an den nächsten Urlaub.

GEDICHTE FÜR DICH

Sültz, Renate

Paperback
88 Seiten
ISBN 978-3-8391-4266-0

€ 4,99

inkl. MwSt. zzgl. Versand

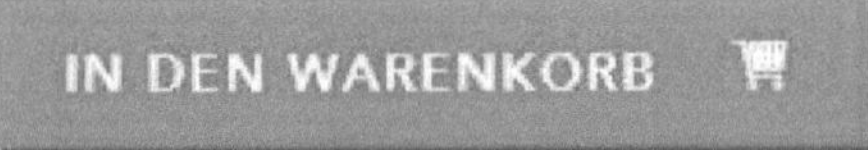

BESCHREIBUNG	AUTOR/IN	PRESSESTIMMEN (0)

GEDICHTE FÜR DICH

Eine kleine Sammlung von Gedichten über Liebe, Freundschaft, Möpse, Weltall, Weisheit...
Das Gedichte-Buch ist reichhaltig bebildert mit Bildern von Sylt, Möpsen und dieses und jenes...
In Farbe und in S/W erhältlich.

MEINE GEDICHTE

Sültz, Renate

Paperback
96 Seiten
ISBN 978-3-7392-3774-9

€ 4,99

IN DEN WARENKORB

BESCHREIBUNG   AUTOR/IN   PRESSESTIMMEN (0)

MEINE GEDICHTE

MEINE GEDICHTE - hier nun eine günstige Ausgabe. Ebenfalls ist auch eine hochwertige Geschenke-Ausgabe mit farbigen Bildern erhältlich.
Renate Sültz schreibt seit vielen Jahren Gedichte und Geschichten. Nun ist es an der Zeit, dass ein Gedichte-Buch veröffentlicht wird. Gedichte allein sollten es aber nicht sein. Mit Eindrücken von Sylt und lieben Dingen sollte dieses Buch verfeinert werden. Uwe H. Sültz hat eigene Bilder vom Autoren-Team Sültz auf Sylt hinzugefügt.

MEIN LIEBESTAGEBUCH - MEINE GROßE LIEBE

Sültz, Renate; Sültz, Uwe H.

Paperback
88 Seiten
ISBN 978-3-7412-7729-0

€ 3,99
inkl. MwSt. zzgl. Versand

| BESCHREIBUNG | AUTOR/IN | PRESSESTIMMEN (0) |

MEIN LIEBESTAGEBUCH - MEINE GROßE LIEBE

Mein Liebestagebuch - Es ist einfach wunderbar, verliebt zu sein. Und wenn wir uns in vielen Monaten, Jahren oder gar Jahrzehnten dieses Liebestagebuch gemeinsam ansehen, erinnern wir uns gern an diese Anfangszeit.
Hier und dort sind in diesem Liebestagebuch auch Liebesgedichte zu finden.

UNSER HOCHZEITSTAGEBUCH

Sültz, Renate; Sültz, Uwe H.

Hardcover
100 Seiten
ISBN 978-3-7412-0845-4

€ 14,95

inkl. MwSt. zzgl. Versand

IN DEN WARENKORB 

BESCHREIBUNG	AUTOR/IN	PRESSESTIMMEN (0)

UNSER HOCHZEITSTAGEBUCH

"Wir" für immer und ewig. - Unsere Traumhochzeit ist geplant. Die Behördengänge sind erledigt und die Feier für unsere Hochzeit ist gut geplant. Wir sind erleichtert, so viel geschafft zu haben... nun wissen wir die Anzahl der Gäste... das Restaurant ist reserviert... der Polterabend geplant... auch der Urlaub für die Flitterwochen ist eingereicht... alle Finanzen sind geklärt. Gut, dass wir frühzeitig unsere Check-Liste zusammengestellt haben. Auch haben wir an die Musik gedacht und wer die Hochzeitsfotos schießt. Die Einladungskarten sind gedruckt, Kleidung und Eheringe gekauft. Und nun freuen wir uns auf das "Ja, ich will".

UNSER HOCHZEITSTAGEBUCH

Sültz, Renate; Sültz, Uwe H.

Hardcover
100 Seiten
ISBN 978-3-7412-0800-3

€ 12,49

inkl. MwSt. zzgl. Versand

IN DEN WARENKORB

BESCHREIBUNG	AUTOR/IN	PRESSESTIMMEN (0)

UNSER HOCHZEITSTAGEBUCH

"Wir" für immer und ewig. - Unsere Traumhochzeit ist geplant. Die Behördengänge sind erledigt und die Feier für unsere Hochzeit ist gut geplant. Wir sind erleichtert, so viel erledigt zu haben... nun wissen wir die Anzahl der Gäste... das Restaurant ist reserviert... der Polterabend geplant... auch der Urlaub für die Flitterwochen ist eingereicht... alle Finanzen sind geklärt. Gut, dass wir frühzeitig unsere Check-Liste zusammengestellt haben. Auch haben wir an die Musik gedacht und wer die Hochzeitsfotos schießt. Die Einladungskarten sind gedruckt, Kleidung und Eheringe gekauft. Und nun freuen wir uns auf das "Ja, ich will". - In dieses Tagebuch können wir die Vorbereitungen eintragen.

EIN TAGEBUCH, NOTIZBUCH, NOTEBOOK, GEDANKENBUCH... FÜR 365 TAGE

Sültz, Renate; Sültz, Uwe H.

Paperback
368 Seiten
ISBN 978-3-7412-0933-8

€ 10,29

inkl. MwSt. zzgl. Versand

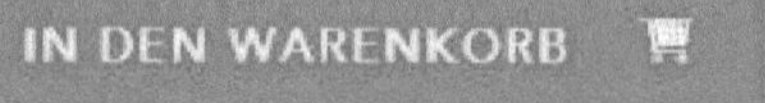

BESCHREIBUNG	AUTOR/IN	PRESSESTIMMEN (0)

EIN TAGEBUCH, NOTIZBUCH, NOTEBOOK, GEDANKENBUCH... FÜR 365 TAGE

Langsam geht die Sonne unter und verabschiedet den Tag. War es ein guter Tag? War ich erfolgreich, habe ich viel erlebt? Oder habe ich Sorgen und mich bedrückt etwas? Ein Tagebuch ist wie Dein ICH. Es ist Dein bester Freund oder beste Freundin. Schreibe einfach alles hinein, Dein Tagebuch hat viel Zeit für Dich.
Das 17x22cm Paperback-Buch hat eine strukturgeprägte Laminierung mit 368 linierten Seiten.

MEIN FAHRTENBUCH

Sültz, Renate; Sültz, Uwe H.

Paperback
104 Seiten
ISBN 978-3-8391-7169-1

€ 4,99
inkl. MwSt. zzgl. Versand

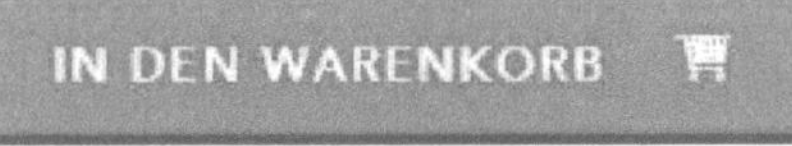

BESCHREIBUNG	AUTOR/IN	PRESSESTIMMEN (0)

MEIN FAHRTENBUCH

Ein Fahrtenbuch zu führen, kann viele Gründe haben. Ob Beruf oder im privaten Bereich, aber auch im Oldtimer-Bereich.

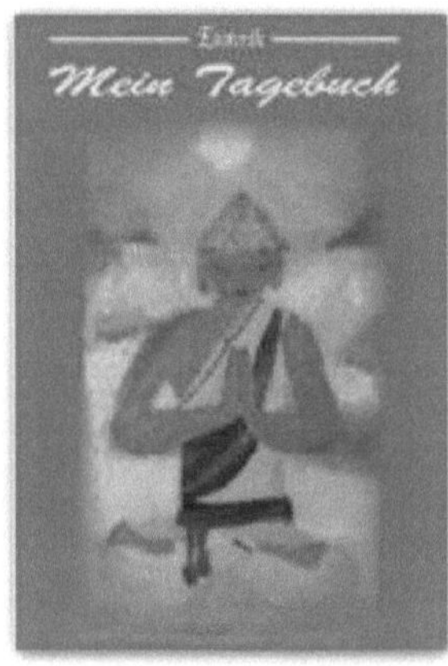

ESOTERIK - MEIN TAGEBUCH

Sültz, Renate; Sültz, Uwe H.

Paperback
88 Seiten
ISBN 978-3-7392-4525-6

€ 4,99
inkl. MwSt. zzgl. Versand

IN DEN WARENKORB 🛒

BESCHREIBUNG	AUTOR/IN	PRESSESTIMMEN (0)

ESOTERIK - MEIN TAGEBUCH

Aus dem NICHTS entsteht ALLES.
Fülle dieses Tagebuch mit deinen Gedanken, mit deinen Erfahrungen und mit deinen Lehren. Lasse dich inspirieren durch Meditation, Ruhe und dein Denken.
Es ist dein Weg zum inneren Frieden.

SYLT - MEIN URLAUBSTAGEBUCH

Sültz, Renate; Sültz, Uwe H.

Paperback
88 Seiten
ISBN 978-3-7392-3907-1

€ 5,99

inkl. MwSt. zzgl. Versand

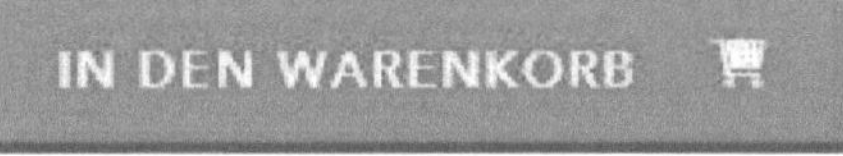

BESCHREIBUNG	AUTOR/IN	PRESSESTIMMEN (0)

SYLT - MEIN URLAUBSTAGEBUCH

SYLT - Diese herrliche Insel ist immer eine Reise wert. Inseleindrücke nehmen wir als selbst geschossene Digitalbilder oder Postkarten mit. In diesem kleinen Tagebuch können nun noch die Erlebnisse beschrieben werden. Zahlreiche S/W-Bilder vervollständigen dieses Büchlein.
Für kleine und große Urlauber, die ihre Erlebnisse notieren möchten.

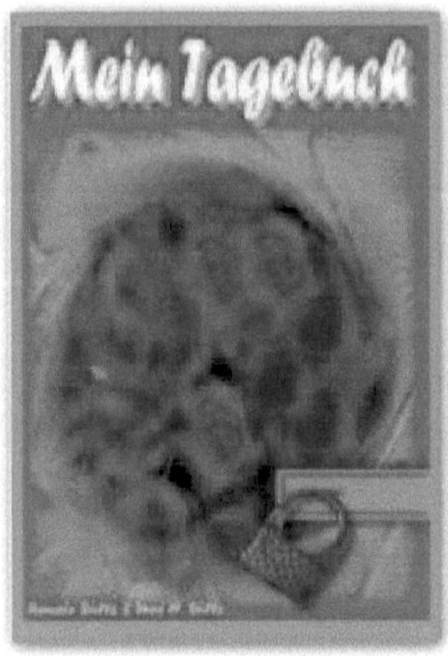

MEIN TAGEBUCH

Sültz, Renate; Sültz, Uwe H.

Paperback
140 Seiten
ISBN 978-3-8370-2129-5

€ 8,99

inkl. MwSt. zzgl. Versand

IN DEN WARENKORB 🛒

BESCHREIBUNG	AUTOR/IN	PRESSESTIMMEN (0)

MEIN TAGEBUCH

Manchmal braucht man jemanden, der einfach nur zuhört, der da ist, bei dem ich etwas loswerden kann, der mit mir schöne und unschöne Dinge teilt... es ist mein Tagebuch...

MY BABY NOTEBOOK

Sültz, Renate; Sültz, Uwe H.

Paperback
124 Seiten
ISBN 978-3-8370-7012-5

€ 5,30

inkl. MwSt. zzgl. <u>Versand</u>

BESCHREIBUNG	AUTOR/IN	PRESSESTIMMEN (0)

MY BABY NOTEBOOK

When told her baby for the first time, "Mom" or "Dad"?
When the first tooth grew? So many thoughts, memories, feelings, experiences, events and much more, can be entered in this little booklet days. Glue also images. Later will thank the children.

UNSER BABY-TAGEBUCH

Sültz, Renate; Sültz, Uwe H.

Paperback
124 Seiten
ISBN 978-3-8370-6254-0

€ 4,99

inkl. MwSt. zzgl. Versand

IN DEN WARENKORB

BESCHREIBUNG	AUTOR/IN	PRESSESTIMMEN (0)

UNSER BABY-TAGEBUCH

Wann wurde das erste Mal "Mama" oder Papa" gesagt? Wann kam das erste Zähnchen? So viele Gedanken, Erinnerungen, Gefühle, Erlebnisse, Ereignisse und noch viel mehr, lassen sich in dieses kleine Tagebüchlein eintragen und Bilder einkleben. Später, ja viel später, werden es die Kinder einmal danken.

6 SPANNENDE KURZGESCHICHTEN - GENRE SCIENCE-FICTION

Sültz, Renate; Sültz, Uwe H.

Booklet
40 Seiten
ISBN 978-3-7412-5184-9

€ 3,98

inkl. MwSt. zzgl. Versand

BESCHREIBUNG	AUTOR/IN	PRESSESTIMMEN (0)

6 SPANNENDE KURZGESCHICHTEN - GENRE SCIENCE-FICTION

6 knackige Kurzgeschichten - eine Buchreihe aus verschiedenen Genres zum erschwinglichen Preis. Jedes Buch beinhaltet 6 Kurzgeschichten aus den bereits erhältlichen Sammelbänden.

ATOMENERGIE - DAS UNHEIL KAM AUS DER VERGANGENHEIT

Sültz, Renate; Sültz, Uwe H.

Paperback
88 Seiten
ISBN 978-3-7412-6623-2

€ 4,99

inkl. MwSt. zzgl. Versand

IN DEN WARENKORB

BESCHREIBUNG	AUTOR/IN	PRESSESTIMMEN (0)

ATOMENERGIE - DAS UNHEIL KAM AUS DER VERGANGENHEIT

Die Ressourcen der Erde sind begrenzt. Kann es eine friedliche Nutzung der Atomenergie geben? Gibt es andere Alternativen? Vielleicht aus dem Weltraum? Fragen über Fragen! Hoffentlich geht in Zukunft nichts schief und wir alle gehen bewusst mit der Technologie und Energie um.

6 KNACKIGE KURZGESCHICHTEN - GENRE SCHICKSAL/LIEBE

Sültz, Renate; Sültz, Uwe H.

Booklet
28 Seiten
ISBN 978-3-7412-5137-5

€ 3,49

inkl. MwSt. zzgl. Versand

IN DEN WARENKORB 🛒

BESCHREIBUNG	AUTOR/IN	PRESSESTIMMEN (0)

6 KNACKIGE KURZGESCHICHTEN - GENRE SCHICKSAL/LIEBE

6 knackige Kurzgeschichten - eine Buchreihe mit verschiedenen Genres zum erschwinglichen Preis. Jedes Buch beinhaltet 6 Kurzgeschichten aus den bereits erhältlichen Sammelbänden.

6 KNISTERNDE KURZGESCHICHTEN - GENRE KRIMI

Sültz, Uwe H.; Sültz, Renate

Booklet
48 Seiten
ISBN 978-3-7412-5230-3

€ 3,49

inkl. MwSt. zzgl. Versand

IN DEN WARENKORB

BESCHREIBUNG	AUTOR/IN	PRESSESTIMMEN (0)

6 KNISTERNDE KURZGESCHICHTEN - GENRE KRIMI

6 knisternde Kurzgeschichten - eine Buchreihe aus verschiedenen Genres zum erschwinglichen Preis. Jedes Buch beinhaltet 6 Kurzgeschichten aus den bereits erhältlichen Sammelbänden.

SCHICKSAL, LIEBE, SCHMUNZEL & CO.

Sültz, Uwe H.; Sültz, Renate

Paperback
276 Seiten
ISBN 978-3-8391-4864-8

€ 8,49

inkl. MwSt. zzgl. Versand

BESCHREIBUNG	AUTOR/IN	PRESSESTIMMEN (0)

SCHICKSAL, LIEBE, SCHMUNZEL & CO.

Das Buch "Schicksal, Liebe, Schmunzel & Co." beinhaltet alle Kurzgeschichten aus dem Gesamtwerk "Science Fiction, Horror & Co.". Sie lesen Kurzgeschichten aus den Bereichen Liebe, Glück, Depression, Demenz, Familie u.v.m.

HORROR & CO.

Sültz, Renate; Sültz, Uwe H.

Paperback
164 Seiten
ISBN 978-3-8391-4859-4

€ 8,49

inkl. MwSt. zzgl. Versand

IN DEN WARENKORB

BESCHREIBUNG	AUTOR/IN	PRESSESTIMMEN (0)

HORROR & CO.

Das Buch "Horror & Co." beinhaltet alle Horror-Kurzgeschichten aus dem Gesamtbuch "Science Fiction, Horror& Co.". Die Buchreihe "Science Fiction & Co.", "Horror & Co.", Schicksal & Co." und "Krimi & Co." lässt sich leichter verstauen, als das Gesamtwerk. So lassen sich ein, zwei Geschichten im Wartezimmer, in der Bahn oder wo auch immer, lesen.

SONDERDEZERNAT HÖRNUM 1

Sültz, Renate; Sültz, Uwe H.

Paperback
96 Seiten
ISBN 978-3-8370-2056-4

€ 5,99

IN DEN WARENKORB

BESCHREIBUNG	AUTOR/IN	PRESSESTIMMEN (0)

SONDERDEZERNAT HÖRNUM 1

Ein kleines, feines und spannendes Buch über das SONDERDEZERNAT HÖRNUM 1. Kriminalfälle von 1964 bis heute werden von Kriminalhauptmeister Werner Feddersen und seinem Team gelöst.
Nicht nur ideal im Strandkorb an der Nordsee, sondern überall dort, wo dieses Büchlein Platz hat, um ein, zwei kurze Kriminalgeschichten zu lesen.

SCIENCE FICTION, HORROR ODER PARANORMALE PHÄNOMENE

Sültz, Renate; Sültz, Uwe H.

Paperback
104 Seiten
ISBN 978-3-8370-7748-3

€ 4,45

inkl. MwSt. zzgl. Versand

IN DEN WARENKORB 

BESCHREIBUNG	AUTOR/IN	PRESSESTIMMEN (0)

SCIENCE FICTION, HORROR ODER PARANORMALE PHÄNOMENE

Ist Ihnen Folgendes auch schon einmal in ähnlicher Form passiert: Sie wachen in der Nacht auf und sehen im Flur ein helles Licht in Form eines DNA-Stranges? Etwa 60 cm lang, es leuchtet, aber es erleuchtet nichts. Sie beugen sich auf, um es besser zu sehen, da schließt sich die Schlafzimmertür mit einem quietschenden Geräusch. Nicht nur Sie sehen es, auch Ihr Partner. Der Hund läuft wild im Zimmer umher und versteckt sich unter der Decke...
Es sind Geschichten, die es nicht geben kann, oder? Schreiben Sie Ihre Erlebnisse in dieses Buch. Nach dem Motto: Das kann doch nicht sein, oder?

SCIENCE FICTION & CO.

Sültz, Renate; Sültz, Uwe H.

Paperback
248 Seiten
ISBN 978-3-8391-4851-8

€ 8,49

inkl. MwSt. zzgl. Versand

IN DEN WARENKORB

BESCHREIBUNG	AUTOR/IN	PRESSESTIMMEN (0)

SCIENCE FICTION & CO.

"Science Fiction & C0." beinhaltet alle Kurzgeschichten aus dem Buch "Neue spannende Kurzgeschichten für unterwegs - Science Fiction - Horror - Schicksal - Krimi" und weitere neue Geschichten.

KONSTANZES VERMÄCHTNIS

Sültz, Renate

Paperback
88 Seiten
ISBN 978-3-7392-1903-5

€ 4,99

inkl. MwSt. zzgl. Versand

IN DEN WARENKORB 

BESCHREIBUNG	AUTOR/IN	PRESSESTIMMEN (0)

KONSTANZES VERMÄCHTNIS

Konstanzes Vermächtnis ist ein Generationenroman und erzählt die Lebensgeschichte der jungen Schneiderin Konstanze ab 1880 im alten Berlin. Es geht um Liebe, Arbeit und Tragödie. Macht der gefährliche Motorsport den kleinen Danny zum Weisen? Was alles bis in die 1970'er Jahre passiert... lesen Sie einfach weiter...

KRIMI & CO.

Sültz, Renate; Sültz, Uwe H.

Paperback
148 Seiten
ISBN 978-3-8391-4858-7

€ 8,49

inkl. MwSt. zzgl. Versand

IN DEN WARENKORB 

BESCHREIBUNG	AUTOR/IN	PRESSESTIMMEN (0)

KRIMI & CO.

Das Buch "Krimi & Co." beinhaltet alle Krimi-Kurzgeschichten aus dem Buch "Science Fiction, Horror & Co."

SYLT IM JAHR 2494 - TEXITRON-STRAHLEN BEDROHEN DIE ERDE

Sültz, Uwe H.

Paperback
104 Seiten
ISBN 978-3-8391-3878-6

€ 5,49

inkl. MwSt. zzgl. Versand

IN DEN WARENKORB 🛒

BESCHREIBUNG | AUTOR/IN | PRESSESTIMMEN (0)

SYLT IM JAHR 2494 - TEXITRON-STRAHLEN BEDROHEN DIE ERDE

Wir schreiben das Jahr 2495. Die Insel Sylt ist lange schon gerettet. Das Weltklima ist konstant. Sand wird über unterirdische Kanäle vom Festland aus auf die Insel gepumpt. Mittlerweile ist der Hindenburgdamm vierspurig. Die Insel ist breiter geworden. Sylt hat die nördlichsten Start- und Landeplätze in Deutschland für Raumschiffe. Am Strand von Westerland sieht man die Hüter des Gesetzes, die Star-Marshals, beim Sonnen. Das war vor ein paar Wochen noch nicht so...

KURZGESCHICHTEN FÜR EILIGE - TEIL 1

Sültz, Renate; Sültz, Uwe H.

Paperback
52 Seiten
ISBN 978-3-7392-4119-7

€ 3,48
inkl. MwSt. zzgl. Versand

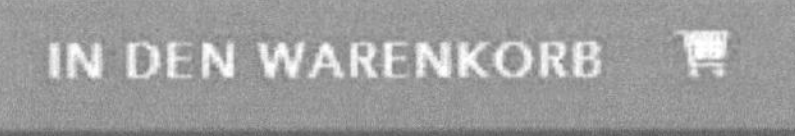

BESCHREIBUNG	AUTOR/IN	PRESSESTIMMEN (0)

KURZGESCHICHTEN FÜR EILIGE - TEIL 1

Mit dem Buch "Kurzgeschichten für Eilige" wird ein Einblick in die bereits veröffentlichten Bücher gegeben. Kurze und spannende Kurzgeschichten aus verschiedenen Genres sind zu finden. Außerdem ein Ausblick für das erste Quartal 2016.
Eine Buchreihe zu erschwinglichen Preisen mit immer wechselnden Geschichten.

SEELENVERSPRECHEN

Sültz, Uwe H.

Paperback
96 Seiten
ISBN 978-3-7392-2810-5

€ 3,95

inkl. MwSt. zzgl. Versand

IN DEN WARENKORB

BESCHREIBUNG	AUTOR/IN	PRESSESTIMMEN (0)

SEELENVERSPRECHEN

SEELENVERSPRECHEN ist eine Schicksalsgeschichte auf Sylt nach einer wahren Begebenheit.
Es gibt das Sprichwort: "Wenn es dem bösen Nachbarn nicht gefällt...". Anna und Robert aus Keitum
bekamen dies zu spüren. Sie kämpften sich durch ihr Leben. Sie kämpften gegen die Demenz und
eine Schwerbehinderung. Können sie ihr gegebenes Seelenversprechen einlösen?

STAR MARSHAL - POLICE IN THE UNIVERSE - GEFAHR AUS DEM OMNIUM

Sültz, Uwe H.

Paperback
88 Seiten
ISBN 978-3-7392-4892-9

€ 5,25

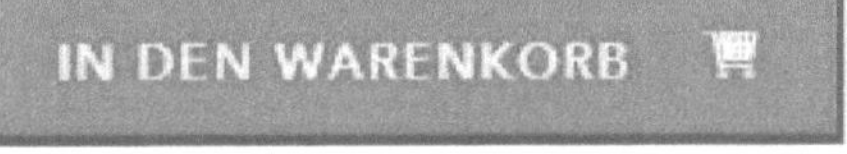

BESCHREIBUNG	AUTOR/IN	PRESSESTIMMEN (0)

STAR MARSHAL - POLICE IN THE UNIVERSE - GEFAHR AUS DEM OMNIUM

Das Universum – Wir leben auf einem wunderbaren Planeten, der Erde. Es könnte ein herrliches Miteinander geben. Die Erde befindet sich in unserem Sonnensystem. Das Sonnensystem ist Teil unserer Galaxis, auch Milchstraße genannt. Es gibt unzählige Galaxien. Alles zusammen ist unser Universum. Wie viele Universen könnte es geben? Oder dehnt sich unser Universum nur in einem leeren Raum aus? Gibt es weitere Universen, so könnten wir es „Das Omnium" nennen. Was kommt dann? Fragen über Fragen!

Auf jeden Fall sorgen die Star Marshals in unserem Universum für Recht und Ordnung.

STAR MARSHAL - POLICE IN THE UNIVERSE

Sültz, Uwe H.

Paperback
88 Seiten
ISBN 978-3-7392-2617-0

€ 4,99

inkl. MwSt. zzgl. Versand

BESCHREIBUNG	AUTOR/IN	PRESSESTIMMEN (0)

IN DEN WARENKORB

STAR MARSHAL - POLICE IN THE UNIVERSE

Die Hüter des Gesetzes im Universum, die Star Marshals, sorgen im 25. Jahrhundert für Recht und Ordnung. Vom Mars Hauptquartier, dem STAR MARSHAL OFFICE, aus, werden sie mit ihren Polizei-Raumschiffen eingesetzt.
Was passieren kann, wenn jemand einem Schwarzen Loch zu nahe kommt, was das Omnium ist, wenn man einen Zeit-Sprung in den Wilden Westen erlebt, wie man einen Revolver aus 1880 zu einer High-Tech-Waffe umbaut und was es mit dem hochexplosiven Krysilium auf sich hat, das alles erfahren Sie in diesem Science-Fiction-Western.

Spannende Kurzgeschichten für unterwegs Taschenbuch – 5. Mai 2015

von Renate Sültz (Autor), Uwe Heinz Sültz (Autor)

Geben Sie die erste Bewertung für diesen Artikel ab

› Alle Formate und Ausgaben anzeigen

Kindle Edition	Taschenbuch
EUR 4,99	EUR 12,00
Lesen Sie mit unserer **kostenfreien App**	1 neu ab EUR 12,00

Lieferung Dienstag, 23. Aug.: Bestellen Sie innerhalb 22 Stunden und 27 Minuten per **Premiumversand** an der Kasse. Siehe Details.

Renate Sültz aus Lünen hat bereits mit Erfolg ihr erstes Kinderbuch »Das Schweinchen Klecks und andere Kindergeschichten« unter dem Namen Renate Reimann geschrieben. Mit diesem Buch erfüllt sie sich den Wunsch, ihre vielen Kurzgeschichten zu veröffentlichen. Weitere Ideen liegen schon bereit. So sind ein weiteres Kinderbuch und ein Gedichtband in Arbeit. Uwe H. Sültz aus Lünen hegte immer schon den Wunsch, während der Zugfahrt zur FH eine kleine abgeschlossene Geschichte zu lesen. Mit diesem Buch setzen Renate und Uwe H. Sültz die

∨ Mehr lesen

DEIN LEBEN IN MIR

Sültz, Uwe H.

Paperback
88 Seiten
ISBN 978-3-7392-3427-4

€ 3,99

inkl. MwSt. zzgl. Versand

IN DEN WARENKORB

BESCHREIBUNG	AUTOR/IN	PRESSESTIMMEN (0)

DEIN LEBEN IN MIR

Fünf Schicksalsgeschichten über Depression, Demenz und die Seele.

Science-Fiction, Horror & Co.: Neue spannende Kurzgeschichten für unterwegs Taschenbuch – 30. Oktober 2015

von Renate Sültz (Autor), Uwe Heinz Sültz (Autor)

☆☆☆☆☆ ▾   1 Kundenrezension

› Alle Formate und Ausgaben anzeigen

Kindle Edition	Taschenbuch
EUR 4,99	EUR 14,00
Lesen Sie mit unserer **kostenfreien App**	1 neu ab EUR 14,00

Lieferung Dienstag, 23. Aug.: Bestellen Sie innerhalb 22 Stunden und 27 Minuten per **Premiumversand** an der Kasse. Siehe Details.

Renate Sültz aus Lünen hat bereits mit Erfolg ihr erstes Kinderbuch »Das Schweinchen Klecks und andere Kindergeschichten« geschrieben. Es folgten mit Uwe H. Sültz das Buch »Spannende Kurzgeschichten für unterwegs« und das Kinderbuch »Fitus, der Sylter Strandkobold«. Die Insel Sylt ist ihre zweite Heimat, auf der Renate Sültz die Gedichte, Kurzgeschichten und Kindergeschichten schreibt und von der herrlichen Landschaft inspiriert wird. - Uwe H. Sültz aus Lünen wohnte eine längere Zeit in Keitum auf Sylt. In dem Buch »Fitus,

▾ Mehr lesen

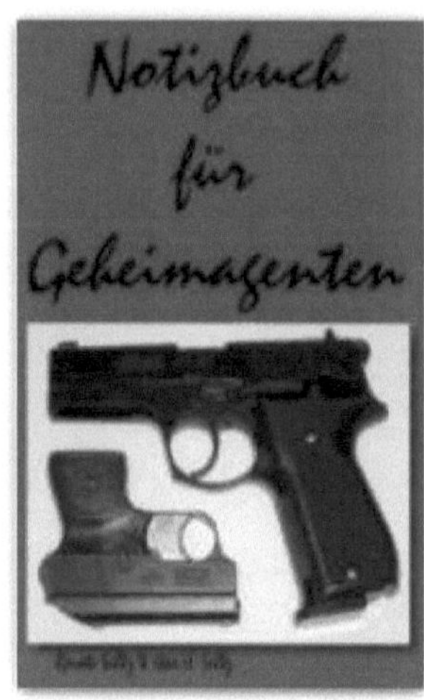

NOTIZBUCH FÜR GEHEIMAGENTEN

Sültz, Renate; Sültz, Uwe H.

Paperback
88 Seiten
ISBN 978-3-7392-4419-8

€ 4,99

inkl. MwSt. zzgl. Versand

IN DEN WARENKORB

BESCHREIBUNG | AUTOR/IN | PRESSESTIMMEN (0)

NOTIZBUCH FÜR GEHEIMAGENTEN

Es ist wohl besser, Sie tragen nichts in dieses Notizbuch für Geheimagenten ein. Alles kann für Sie zum Verhängnis werden. Lassen Sie es besser. Kaufen Sie dieses Notizbuch erst gar nicht, dann kommen Sie nicht in Versuchung...

NOTIZBUCH FÜR SCIENCE-FICTION-FANS

Sültz, Renate; Sültz, Uwe H.

Paperback
88 Seiten
ISBN 978-3-7392-4431-0

€ 4,25

inkl. MwSt. zzgl. Versand

IN DEN WARENKORB

BESCHREIBUNG	AUTOR/IN	PRESSESTIMMEN (0)

NOTIZBUCH FÜR SCIENCE-FICTION-FANS

Das Universum... unendliche Weiten... viele Informationen erwarten uns... wann ist das nächste STAR TREK-Treffen? Welche Science-Fiction-Filme sehe ich gern? Vieles lässt sich in dieses kleine Notizbuch eintragen.

EINKAUFSLISTE FÜR EILIGE

Sültz, Renate; Sültz, Uwe H.

Ringbuch
72 Seiten
ISBN 978-3-7412-0585-9

€ 6,49
inkl. MwSt. zzgl. Versand

IN DEN WARENKORB

BESCHREIBUNG	AUTOR/IN	PRESSESTIMMEN (0)

EINKAUFSLISTE FÜR EILIGE

"Hömma Else, nimm Dich zum Einkaufen diesen Einkaufszettel mit, damitte nich wieder so viel kaufst, wohl. Und bring' für unsere Omma ein Teilchen zu 65 Cent mit. Watt sachste, Du hast keine Kohle mehr? Dann muss die Omma das bezahlen, die hat gute Rente, wohl.", sagt unser Manni aus dem Ruhrpott.

TAGEBUCH - NOTIZBUCH - NOTEBOOK FÜR JÄGER

Sültz, Renate; Sültz, Uwe H.

Paperback
104 Seiten
ISBN 978-3-8391-5321-5

€ 4,99

inkl. MwSt. zzgl. Versand

IN DEN WARENKORB

BESCHREIBUNG	AUTOR/IN	PRESSESTIMMEN (0)

TAGEBUCH - NOTIZBUCH - NOTEBOOK FÜR JÄGER

Ein Notizbuch für den Jäger. In einer Tabelle lassen sich das Revier, das Datum und die Wildart eintragen. Weiter unten ist Platz für Skizzen, Bilder oder sonstige Informationen. Das Notizbuch hat 104 Seiten.

MEIN GESCHENK FÜR DICH - EIN NOTIZBUCH FÜR DIEJENIGEN, DIE ALLES HABEN UND NICHTS MEHR BRAUCHEN

Sültz, Renate; Sültz, Uwe H.

Paperback
88 Seiten
ISBN 978-3-8482-2055-7

€ 4,49

inkl. MwSt. zzgl. Versand

IN DEN WARENKORB

BESCHREIBUNG	AUTOR/IN	PRESSESTIMMEN (0)

MEIN GESCHENK FÜR DICH - EIN NOTIZBUCH FÜR DIEJENIGEN, DIE ALLES HABEN UND NICHTS MEHR BRAUCHEN

MEIN KLEINES NOTIZBUCH FÜR NETTE MENSCHEN VOM AUTORENTEAM SÜLTZ AUF SYLT

Sültz, Renate; Sültz, Uwe H.

Paperback
88 Seiten
ISBN 978-3-7392-4576-8

€ 4,45
inkl. MwSt. zzgl. Versand

BESCHREIBUNG	AUTOR/IN	PRESSESTIMMEN (0)

MEIN KLEINES NOTIZBUCH FÜR NETTE MENSCHEN VOM AUTORENTEAM SÜLTZ AUF SYLT

Ein kleines Notizbuch für Freunde und nette Menschen. Mit Comic, Gedichten und Sylt-Bildern.

NOTIZBUCH FÜR ANWÄLTE

Sültz, Renate; Sültz, Uwe H.

Paperback
88 Seiten
ISBN 978-3-7392-3964-4

€ 4,25

inkl. MwSt. zzgl. Versand

IN DEN WARENKORB

BESCHREIBUNG	AUTOR/IN	PRESSESTIMMEN (0)

NOTIZBUCH FÜR ANWÄLTE

Suchen Sie auch immer einen Zettel, um eine kurze Notiz aufzuschreiben? Lediglich den Kugelschreiber können wir nicht mitliefern...

NOTIZBUCH FÜR WESTERN-FREUNDE

Sültz, Renate; Sültz, Uwe H.

Paperback
88 Seiten
ISBN 978-3-7386-2763-3

€ 4,99

IN DEN WARENKORB

BESCHREIBUNG	AUTOR/IN	PRESSESTIMMEN (0)

NOTIZBUCH FÜR WESTERN-FREUNDE

Ein Notizbuch für Western-Freunde. Ein Traum für viele... einige leben ihn... der Wilde Westen lebt immer...

MEINE BESTSELLER-LISTE

Sültz, Renate; Sültz, Uwe H.

Paperback
88 Seiten
ISBN 978-3-7392-4375-7

€ 4,99

inkl. MwSt. zzgl. Versand

IN DEN WARENKORB 

BESCHREIBUNG	AUTOR/IN	PRESSESTIMMEN (0)

MEINE BESTSELLER-LISTE

Welches Buch werde ich noch einmal lesen?

Welches Buch suche ich? Welches möchte ich verschenken? Welches Buch erscheint demnächst für mich?

Viele Notizen rund um's Buch lassen sich hier notieren... für Buchwürmer und Leseratten!

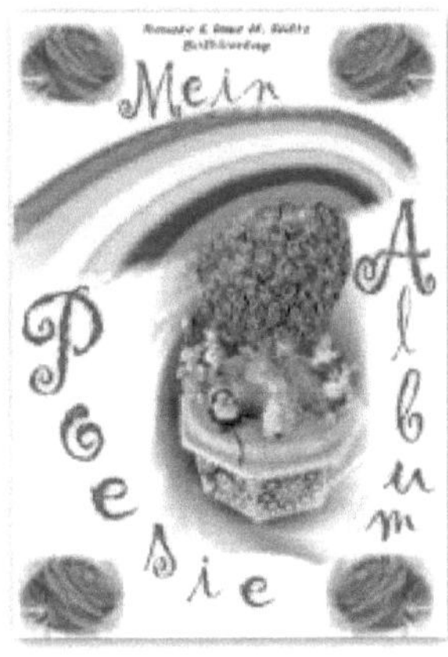

MEIN POESIEALBUM - MEIN FREUNDSCHAFTSBUCH

Sültz, Renate; Sültz, Uwe H.

Hardcover
100 Seiten
ISBN 978-3-7392-4646-8

€ 14,50

inkl. MwSt. zzgl. Versand

IN DEN WARENKORB

BESCHREIBUNG	AUTOR/IN	PRESSESTIMMEN (0)

MEIN POESIEALBUM - MEIN FREUNDSCHAFTSBUCH

Freundschaftsbücher sind heute noch beliebt... so manche Freundschaft hält ein Leben lang. Es ist doch immer wieder schön, an die frühere Zeit erinnert zu werden...
Aber denkt daran: Reißt keine Blätter raus... sonst ist es mit der Freundschaft aus ;-)

NOTIZBUCH FÜR ASTROPHYSIKER

Sültz, Renate; Sültz, Uwe H.

Paperback
124 Seiten
ISBN 978-3-7392-4452-5

€ 5,49

inkl. MwSt. zzgl. Versand

IN DEN WARENKORB

BESCHREIBUNG	AUTOR/IN	PRESSESTIMMEN (0)

NOTIZBUCH FÜR ASTROPHYSIKER

Ob elektromagnetische Wellen oder Gravitationswellen... ob Stringtheorie oder Quantenfeldtheorie... ob Elektron oder Atom... ob Galaxis oder Universum... und wie nennen wir eventuelle mehrere Universen? Etwa das "Omnium"? Viele Notizen lassen sich in diesem Notizbuch aufschreiben. Und auch wenn es mehr Seiten als unsere bisherigen Notizbücher hat, für die Weltformel reicht es niemals aus.

NOTIZBUCH FÜR PRIVATDETEKTIVE

Sültz, Uwe H.; Sültz, Renate

Paperback
88 Seiten
ISBN 978-3-7392-4430-3

€ 4,99

IN DEN WARENKORB

BESCHREIBUNG	AUTOR/IN	PRESSESTIMMEN (0)

NOTIZBUCH FÜR PRIVATDETEKTIVE

Ob Privatdetektive, Hausdetektive, Nachbar-Nachforscher oder Columbo, dieses Notizbuch ist ein MUSS für alle.

NOTIZBUCH FÜR WEISE

Sültz, Renate; Sültz, Uwe H.

Paperback
88 Seiten
ISBN 978-3-7392-4103-6

€ 4,99

inkl. MwSt. zzgl. Versand

IN DEN WARENKORB 

BESCHREIBUNG	AUTOR/IN	PRESSESTIMMEN (0)

NOTIZBUCH FÜR WEISE

So viele Ereignisse erleben wir auf dem Weg durch unser Leben. Dinge geschehen... und wir vergessen sie wieder. An manche möchten wir uns gern erinnern. Um dies zu notieren, dafür soll dieses kleine Notizbüchlein sein.

I LOVE SYLT

Sültz, Renate; Sültz, Uwe H.

Paperback
92 Seiten
ISBN 978-3-8391-3055-1

€ 4,89

IN DEN WARENKORB

BESCHREIBUNG	AUTOR/IN	PRESSESTIMMEN (0)

I LOVE SYLT

Für alle Sylt-Freunde: Ein Notizbuch für Skizzen, für Informationen, zum Malen, für Gedanken oder eben für Notizen.

A notebook for notes, sketches, information, ideas…

NOTIZBUCH FÜR PORSCHE FREUNDE

Sültz, Renate; Sültz, Uwe H.

Paperback
88 Seiten
ISBN 978-3-7392-3916-3

€ 4,99

inkl. MwSt. zzgl. Versand

IN DEN WARENKORB

| BESCHREIBUNG | AUTOR/IN | PRESSESTIMMEN (0) |

NOTIZBUCH FÜR PORSCHE FREUNDE

Ein kleines Notizbuch für PORSCHE-Freunde.

Wann war noch gleich das letzte Tanken?

Wieviel Profil hatten die Reifen in der letzten Saison? Wie war noch gleich die Telefonnummer von meinen Porsche-Freunden?

Diese und ähnliche Fragen lassen sich schnell in dieses kleine Notizbuch eintragen...

NOTIZBUCH FÜR MOPS-FREUNDE

Sültz, Renate; Sültz, Uwe H.

Paperback
88 Seiten
ISBN 978-3-7392-4031-2

€ 4,99

inkl. MwSt. zzgl. Versand

IN DEN WARENKORB

BESCHREIBUNG	AUTOR/IN	PRESSESTIMMEN (0)

NOTIZBUCH FÜR MOPS-FREUNDE

Mein Liebling... der Mops
Alle Hunde sind liebenswert.
Dieses Notizbuch ist für Mops-Freunde.
Ob bei der Hundeerziehung, was er oder sie besonders gern isst, wer die Freunde sind, wann die nächste Impfung ansteht und noch viel mehr, lässt sich hier notieren.
Wir wünschen viel Freude mit Ihrem Begleiter und gute Gesundheit...
Renate Sültz & Uwe H. Sültz

NOTEBOOK FOR WILD WEST FRIENDS

Sültz, Renate; Sültz, Uwe H.

Paperback
104 Seiten
ISBN 978-3-8370-8315-6

€ 4,99

inkl. MwSt. zzgl. Versand

IN DEN WARENKORB 

BESCHREIBUNG	AUTOR/IN	PRESSESTIMMEN (0)

NOTEBOOK FOR WILD WEST FRIENDS

A notebook for Wild West 's friends. The heroes live forever.

NOTIZBUCH FÜR FERRARI FREUNDE

Sültz, Renate; Sültz, Uwe H.

Paperback
88 Seiten
ISBN 978-3-7392-3981-1

€ 4,99

inkl. MwSt. zzgl. Versand

BESCHREIBUNG	AUTOR/IN	PRESSESTIMMEN (0)

NOTIZBUCH FÜR FERRARI FREUNDE

Ein kleines Notizbuch für Ferrari-Freunde.

Wann war noch gleich das letzte Tanken?

Wieviel Profil hatten die Reifen in der letzten Saison? Wie war noch gleich die Telefonnummer von meinen Ferrari-Freunden?

Diese und ähnliche Fragen lassen sich schnell in dieses kleine Notizbuch eintragen...

NOTIZBUCH FÜR FKK-FREUNDE

Sültz, Renate; Sültz, Uwe H.

Paperback
88 Seiten
ISBN 978-3-7392-4441-9

€ 4,99

inkl. MwSt. zzgl. Versand

<table>
<tr><td>IN DEN WARENKORB 🛒</td></tr>
</table>

BESCHREIBUNG	AUTOR/IN	PRESSESTIMMEN (0)

NOTIZBUCH FÜR FKK-FREUNDE

Ob Infos über den Strand oder Telefonnummern der neuen Freunde... alles lässt sich in dieses kleine Notizbuch eintragen... bitte nicht den Stift vergessen!

MEIN TELEFON- UND ADRESSBUCH

Sültz, Renate; Sültz, Uwe H.

Paperback
104 Seiten
ISBN 978-3-7392-4397-9

€ 4,50

inkl. MwSt. zzgl. Versand

IN DEN WARENKORB 🛒

BESCHREIBUNG	AUTOR/IN	PRESSESTIMMEN (0)

MEIN TELEFON- UND ADRESSBUCH

Das gute alte Telefonbuch... natürlich lässt sich alles mit wenigen Klicks elektronisch speichern... aber es soll doch weiterleben: DAS GUTE ALTE TELEFONBUCH!

Autorenteam Sültz auf Sylt - SÜLTZ BÜCHER

Bereits Ende der 1970'er Jahre schrieb Renate die ersten Kindergeschichten und las sie ihren Kindern vor. In diversen Zeitungen veröffentlichte sie auch weitere Kurzgeschichten. Uwe hatte Ende der 1970'er Science Fiction im Kopf. "Jede Galaxie hat bestimmt ein eigenes Schwarzes Loch. Wohin geht es, wenn wir hindurchfliegen könnten?" Alles wurde aufgeschrieben. Als 2014 das "Autorenteam Sültz auf Sylt" gegründet wurde,

gesellte sich Koli hinzu. Mit seinen wichtigen Inselinformationen und Geschichten ist er der Dritte im Bunde. Eine weitere Autorin musste aus gesundheitlichen Gründen aussteigen.

Herzlichen Dank für Ihr Interesse!